Groß | Das Ende des Ersten Weltkriegs und die Dolchstoßlegende

Kriege der Moderne

Herausgegeben vom Zentrum für Militärgeschichte und Sozialwissenschaften der Bundeswehr

Gerhard P. Groß

Das Ende des Ersten Weltkriegs und die Dolchstoßlegende

Reclam

Zentrum für Militärgeschichte und Sozialwissenschaften der Bundeswehr,
Fachbereich Publikationen (0861–01)

2018 Philipp Reclam jun. Verlag GmbH,
Siemensstraße 32, 71254 Ditzingen
Umschlagabbildung: picture alliance / Mary Evans Picture Library –
Deutsche Kriegsgefangene am 9. August 1918
Druck und Bindung: Firmengruppe APPL, aprinta druck GmbH,
Senefelderstraße 3–11, 86650 Wemding
Printed in Germany 2018

ISBN 978-3-15-011168-0

Auch als E-Book erhältlich

www.reclam.de

Inhalt

↗ Von britischen Granaten getroffene Nachschubkolonne, im Vordergrund liegt ein gefallener deutscher Soldat.

1 Das Grauen

Tausend Donner aus Tausenden von Geschützen überstürzen sich, überlärmen einander, verschlingen sich, vermischen sich zu einem einzigen, die Erde überdröhnenden, den Himmel verdrängenden Wirbel von Lärm, Raserei und Wut. Unaufhörlich, fast wie eine greifbare Masse erfüllt die Musik dieses wahnsinnigen Totentanzes den Raum. Es ist, als ob ein unsichtbarer, der Hölle entstiegener Riese um uns und über uns im Nebel mit rohen, krachenden Schlägen die Erde und alles, was darauf ist, für immer vernichten wolle [...].
In dieser fürchterlichen Hölle hilft nur eines: gleichgültig bleiben! Schicksal: entweder du fällst, oder du fällst nicht!

Mit diesen bildhaften, zugleich aber auch fatalistischen Worten beschrieb der Leutnant der Reserve Dassau nach dem Ersten Weltkrieg in der Regimentsgeschichte des Mindenschen Feldartillerieregiments 58 wohl zutreffend das Empfinden der westfälischen Artilleristen am frühen Morgen des 8. August 1918. Am Abend desselben Tages war das Feldartillerieregiment der 13. Division zerschlagen. Alle Geschütze waren vernichtet oder in Feindeshand geraten, und der Personalbestand war auf ca. 20 Prozent der ursprünglichen Zahl gesunken. Viele Soldaten waren gefallen, viele in Kriegsgefangenschaft geraten. Wie war es zu diesen ungewöhnlich hohen Verlusten eines doch mehrere Kilometer hinter der Front liegenden Feldartillerieregiments gekommen? Im Rahmen des Großangriffs der Entente gegen den weit vorgeschobenen deutschen Frontabschnitt östlich der nordfranzösischen Stadt Amiens hatte die 2. und 3. australische Division, unterstützt von starken Tank- und Fliegerkräften, die Verteidigungsstellungen der 13. deutschen Division sehr schnell durchbrochen. Dadurch wurden die Artille-

Deutsche Soldaten nach der Schlacht bei Amiens am 9. August 1918 auf dem Marsch in die Gefangenschaft

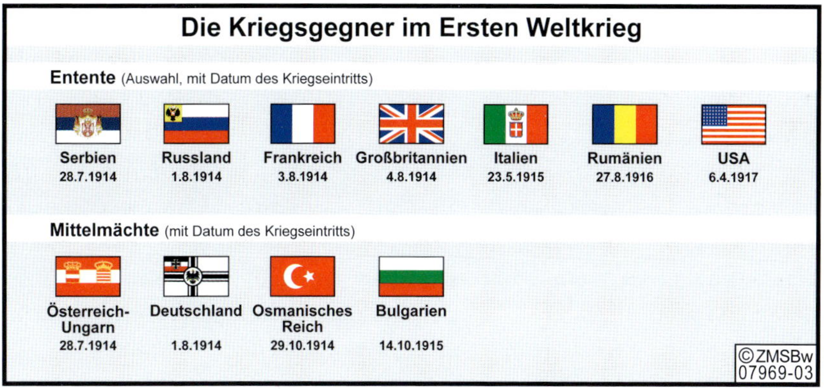

risten in einen für sie völlig ungewohnten Kampf Mann gegen Mann gezwungen.

Das Beispiel des Feldartillerieregiments 58 steht stellvertretend für die dem Schwerpunkt des alliierten Angriffes ausgesetzten deutschen Verbände der deutschen 2. Armee. Am Ende des Tages waren französische, britische, australische und kanadische Soldaten fast 10 Kilometer weit in das deutsche Stellungssystem vorgedrungen. Die 2. Armee hatte ca. 27 000 Mann, 700 Offiziere, 400 Geschütze sowie große Mengen an Minenwerfern und Maschinengewehren verloren. General Fritz von Loßberg charakterisierte diese Schlacht als die »größte Niederlage, die eine deutsche Armee im Verlauf des Krieges erlebt hat«.

Während ihre Söhne, Brüder und Ehemänner im Feuerhagel der gegnerischen Artillerie kämpften, schliefen die meisten Angehörigen zu Hause im Deutschen Reich noch oder waren auf dem Weg zur Arbeit. Von dem schweren Schicksal ihrer Familienangehörigen ahnten sie nichts. Als die Einwohner von Minden gegen Abend wieder nach Hause kamen, konnten sie einer knappen Pressemeldung lediglich entnehmen: »Auf dem westlichen Kriegsschauplatz haben die Engländer und Franzosen beiderseits der Somme in breiten Abschnitten angegriffen. Sie sind in unsere Linie eingedrungen.«

Da die Mindener Bürger aufgrund der Geheimhaltung nicht wussten, an welchem Frontabschnitt ihre Familienangehörigen eingesetzt waren, werden sie diese lapidare Meldung wie viele andere zuvor wahrscheinlich lediglich zur Kenntnis genommen haben, ohne ihr allzu große Bedeutung beizumessen. Noch herrschte die von der Obersten Hee-

Von der 4. australischen Armee im Verlauf der Kämpfe um den 8. August 1918 erbeutete deutsche Geschütze

B Coy
Tank Bn

resleitung (OHL) angesichts des Sieges über Russland sowie der Erfolge der deutschen Offensiven an der Westfront genährte Erwartung in der Gesellschaft vor, der Krieg werde in absehbarer Zeit mit einem deutschen Sieg enden. Über die tatsächlich kritische operative Lage und die schlechte personelle wie materielle Verfassung des deutschen Heeres im August 1918 waren weder die politische Leitung des Kaiserreiches noch die Bevölkerung informiert.

Das lag nicht zuletzt daran, dass der führende Kopf der 3. OHL, der Erste Generalquartiermeister General der Infanterie Erich Ludendorff, das Scheitern der deutschen Offensive in Frankreich 1918 selbst nicht wahrhaben wollte. Erste Rückschläge wie der erfolgreiche Angriff der Entente am 18. Juli 1918 gegen den deutschen Frontbogen zwischen Reims und Soissons, aber auch die angespannte Personal- und Materiallage, wurden von ihm schlicht verdrängt. Hinweise aus seinem Stab auf die nach dem ausgebliebenen Sieg schlechte Moral der Truppe ignorierte er ebenfalls oder wischte sie verärgert als schwarzseherisch vom Tisch.

Erst die schwere Niederlage am 8. August 1918, in deren Verlauf nicht nur die britischen Truppen große Geländegewinne erzielten, sondern auch mehrere eingesetzte deutsche Divisionen geradezu auseinanderbrachen und über 15 000 Soldaten in Gefangenschaft kamen, änderte Ludendorffs Meinung schlagartig. Er musste sich eingestehen, dass die Moral der Truppe zusammengebrochen war. Wenige Tage später nannte er den 8. August 1918 den »schwarzen Tag des deutschen Heeres«.

↗ ***Die beiden Getreuen beim Kriegsplan*:**
Generalfeldmarschall Hindenburg (l.) und General Ludendorff (Farbdruck nach einem Gemälde von Hugo Vogel, 1922)

2 Die Ausgangslage

> Es darf nicht geglaubt werden, dass wir eine Offensive haben werden wie in Galizien oder in Italien; es wird ein gewaltiges Ringen, das an einer Stelle beginnt, sich an der anderen fortsetzt und lange Zeit in Anspruch nehmen wird, das schwer, aber siegreich sein wird.

Mit diesen Worten stimmte Ludendorff am 13. Februar 1918 auf dem Kronrat in Homburg den Reichskanzler Graf Georg von Hertling sowie Kaiser Wilhelm II. auf seinen Plan einer kriegsentscheidenden Offensive in den nächsten Monaten an der Westfront ein. Wie im ersten Kriegsjahr sollten die deutschen Armeen in Frankreich angreifen, um erneut in einer alles entscheidenden Offensive den Sieg zu erringen. Nachdem der Angriff von 1914 auch nach dem Scheitern eine Siegesoption für Deutschland offengelassen hatte, sollte die bevorstehende Offensive nach den Vorstellungen der OHL endgültig über Sieg oder Niederlage und Sein oder Nichtsein entscheiden – denn für zukünftige Angriffe würden nach dieser Offensive die Kräfte fehlen.

Welche Gründe bewogen die militärische und politische Führung des Kaiserreichs, im Frühjahr 1918 alles auf die Karte Angriff und damit den Siegfrieden zu setzen? Zur Beantwortung dieser Frage ist es notwendig, die politischen und militärischen Ereignisse des Jahres 1917 zu rekapitulieren.

Entschlossen, den Krieg bis zum Sieg weiterzuführen, hatte die 3. OHL unter Generalfeldmarschall Paul von Hindenburg und General Ludendorff schon kurz nach ihrer Kommandoübernahme im August 1916 mit dem Hindenburg-Programm eine Rüstungs- und Wirtschaftsmaßnahme in die Wege geleitet, um unter Mobilisierung aller Reserven sowie unter Konzentration aller Ressourcen und Kapazitäten die Rüstungsproduktion des Kaiserreichs erheblich zu erhöhen. Dabei war durch die verstärkte Einführung vor allem von Maschinengewehren und Artilleriegeschützen die Durchhaltefähigkeit des deutschen Heeres deutlich gesteigert worden. All diese Maßnahmen litten jedoch unter den Auswirkungen der britischen Seeblockade, die den Warenverkehr erschwerte. Der von der Entente den Mittelmächten nach Kriegsbeginn aufgezwungene langwierige Abnutzungskrieg hatte das Kaiserreich in seinem Würgegriff. Auch die mit so großen Hoffnungen eingesetzte neue OHL sah sich dadurch gezwungen, den Krieg so zu führen, wie ihn der Generalstab vor 1914 als für Deutschland nicht gewinnbar beurteilt hatte. Genau diesen Verlauf hatte er mit einer schnellen, den gegnerischen Ressourcenaufbau unterlaufenden, offensiven Kriegführung verhindern wollen.

Vor diesem Hintergrund entschloss sich Ludendorff, der entscheidende operativ-strategische Denker der 3. OHL, zu einer Mischung aus operativer Defensive und strategischer Offensive. Aufgrund der hohen materiellen und personellen Verluste 1916 sowie der Überlegenheit der Gefechtsart Verteidigung über den Angriff sah er keine Möglichkeit, erneute Angriffe an der Westfront durchzuführen. Stattdessen befahl er, dort zur Verteidigung überzugehen. Mit ihrer taktisch-operativen Defensive in Frankreich beabsichtigte die OHL, Zeit zu gewinnen, obwohl sie doch aufgrund des von der Entente erfolgreich geführten Abnutzungskrieges eigentlich keine Zeit hatte. Das Standhalten im Westen war nämlich die Voraussetzung für eine strategische Offensive an anderer Stelle.

Da die wirtschaftlichen Potenziale der beteiligten Staaten zu entscheidenden Faktoren für den Kriegsausgang geworden waren, plante

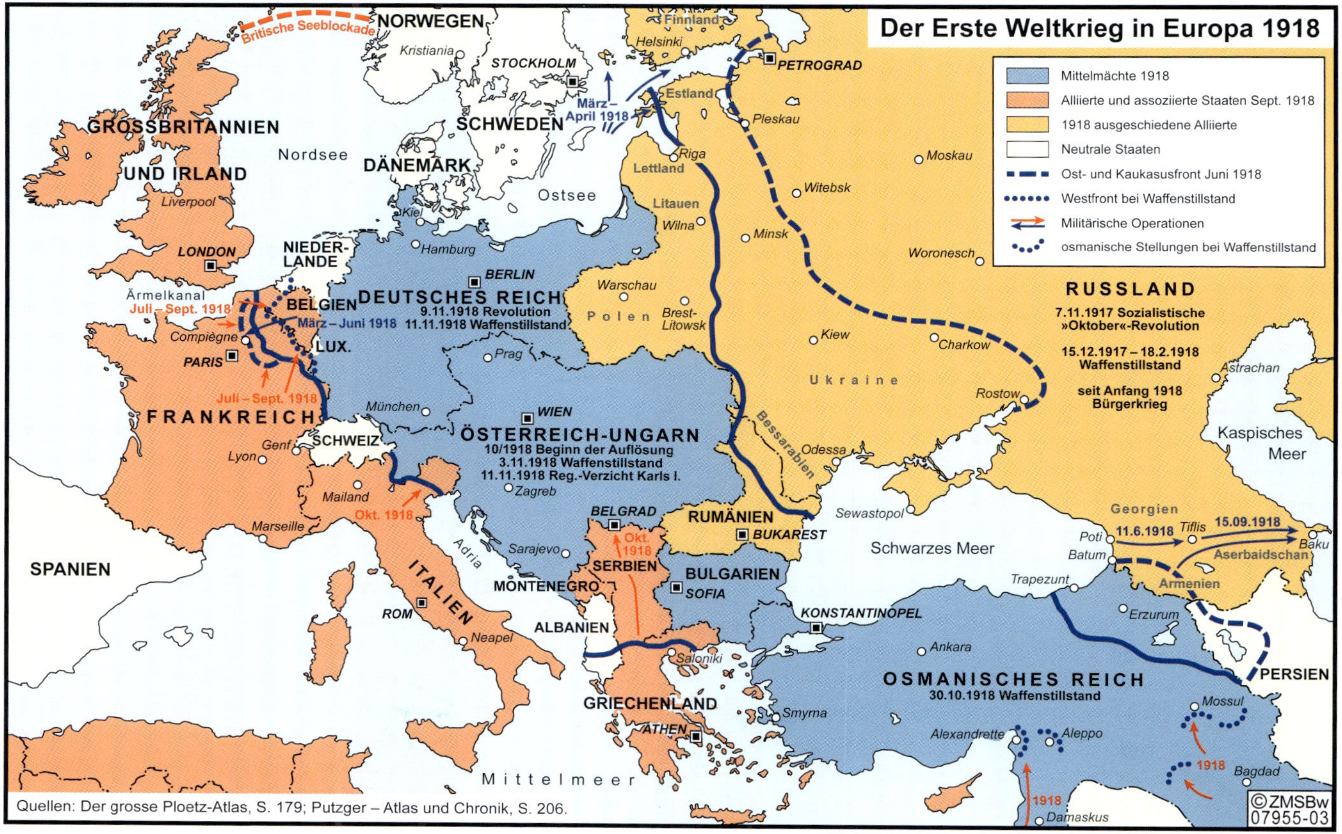
Der Erste Weltkrieg in Europa 1918
Mittelmächte 1918
Alliierte und assoziierte Staaten Sept. 1918
1918 ausgeschiedene Alliierte
Neutrale Staaten
Ost- und Kaukasusfront Juni 1918
Westfront bei Waffenstillstand
Militärische Operationen
osmanische Stellungen bei Waffenstillstand
Britische Seeblockade
NORWEGEN
Kristiania
STOCKHOLM
SCHWEDEN
GROSSBRITANNIEN UND IRLAND
Liverpool
LONDON
Nordsee
DÄNEMARK
Ostsee
Kiel
Hamburg
NIEDER-LANDE
BELGIEN
Ärmelkanal
Juli – Sept. 1918
Compiègne
PARIS
März – Juni 1918
LUX.
Juli – Sept. 1918
FRANKREICH
Lyon
Genf
SCHWEIZ
Mailand
Marseille
Okt. 1918
SPANIEN
ITALIEN
ROM
Neapel
Adria
BERLIN
DEUTSCHES REICH
9.11.1918 Revolution
11.11.1918 Waffenstillstand
Prag
München
WIEN
ÖSTERREICH-UNGARN
10/1918 Beginn der Auflösung
3.11.1918 Waffenstillstand
11.11.1918 Reg.-Verzicht Karls I.
Zagreb
Sarajevo
MONTENEGRO
ALBANIEN
BELGRAD
Okt. 1918
SERBIEN
Saloniki
GRIECHENLAND
ATHEN
Mittelmeer
RUMÄNIEN
BUKAREST
BULGARIEN
SOFIA
KONSTANTINOPEL
Finnland
Helsinki
PETROGRAD
März – April 1918
Estland
Pleskau
Riga
Lettland
Litauen
Wilna
Minsk
Witebsk
Moskau
Warschau
Polen
Brest-Litowsk
Kiew
Ukraine
Charkow
Woronesch
Rostow
Bessarabien
Odessa
Sewastopol
Schwarzes Meer
RUSSLAND
7.11.1917 Sozialistische »Oktober«-Revolution
15.12.1917 – 18.2.1918 Waffenstillstand
seit Anfang 1918 Bürgerkrieg
Astrachan
Kaspisches Meer
Georgien
Poti
11.6.1918
Tiflis
15.09.1918
Baku
Batum
Aserbaidschan
Armenien
Trapezunt
Erzurum
PERSIEN
Ankara
OSMANISCHES REICH
30.10.1918 Waffenstillstand
Smyrna
Mossul
Alexandrette
Aleppo
1918
Bagdad
1918
Damaskus
©ZMSBw 07955-03
Quellen: Der grosse Ploetz-Atlas, S. 179; Putzger – Atlas und Chronik, S. 206.

Im Großen Hauptquartier, Januar 1917: Hindenburg, Kaiser Wilhelm II. und Ludendorff beim Kartenstudium

die OHL eine strategische Offensive zur See. Mit dem von der Marineführung seit Jahren geforderten, aus Rücksicht auf die USA 1915 jedoch nach nur wenigen Wochen wieder eingestellten uneingeschränkten U-Boot-Krieg sollte Großbritannien vom Seehandel abgeschnitten und in die Knie gezwungen werden. Nach der vorwarnungslosen Versenkung aller Handelsschiffe in durch Deutschland zu Sperrgebieten erklärten Seegebieten werde England, so hatte der Admiralstab zugesichert, nach nur fünf Monaten besiegt sein. Zudem, darin waren sich OHL und Admiralstab einig, würden die militärischen und wirtschaftlichen Fähigkeiten der Vereinigten Staaten schlicht überschätzt. Ein Kriegseintritt der USA sei daher zu verschmerzen. Reichskanzler Theobald von Bethmann Hollweg teilte die Bewertung der militärischen Führung keineswegs und sprach sich weiterhin gegen die Wiedereröffnung des uneingeschränkten U-Boot-Krieges aus. Angesichts des stra-

Hindenburg, Kaiser Wilhelm II., Reichskanzler Bethmann Hollweg, Ludwig III., König von Bayern, Ludendorff und Holtzendorff, Chef des Admiralstabs, im Großen Hauptquartier in Pleß (Oberschlesien) am 9. Dezember 1916

tegischen Patts im Landkrieg sowie der schlechten Versorgungslage gab Wilhelm II., der bis dato ebenfalls den uneingeschränkten U-Boot-Krieg abgelehnt hatte, allerdings dem Druck der Heeres- und Marineführung schließlich nach und befahl zum 1. Februar 1917 dessen Wiedereröffnung. Das Kaiserreich spielte somit seine letzte Trumpfkarte aus. Die USA brachen daraufhin die diplomatischen Beziehungen zu Deutschland ab und traten am 6. April 1917 aufseiten der Entente in den Krieg ein. Der europäische Krieg war endgültig zu einem Weltkrieg geworden.

Für die Ententestaaten kam dieser Schritt zum richtigen Zeitpunkt. Auch sie befanden sich im Frühjahr 1917 in einer schwierigen Situation. Ihr Allfrontenangriff des vergangenen Jahres war unter schweren Verlusten gescheitert und der neue Verbündete Rumänien sogar innerhalb weniger Wochen vernichtend geschlagen worden. Obwohl sie weiterhin freien Zugriff auf ihre weltweiten Ressourcen hatten, war zudem

Uneingeschränkter U-Boot-Krieg

1914 standen sich mit der deutschen Flotte und der Royal Navy die zwei stärksten Kriegsflotten der Welt in der Nordsee gegenüber. Im Gegensatz zur deutschen Annahme, die Royal Navy werde im Kriegsfall eine enge Blockade der deutschen Häfen durchführen und so der deutschen Flotte die Möglichkeit zu einer Entscheidungsschlacht bieten, praktizierten die Briten außerhalb der Reichweite der deutschen Großkampfschiffe eine wirksame Fernblockade der deutschen Häfen. Das Risiko eines Kampfes mit der Hochseeflotte vermieden sie.
Erste Erfolge im U-Boot-Krieg weckten im deutschen Admiralstab jedoch die Hoffnung, als Vergeltung für die auf deutscher Seite als völkerrechtswidrig empfundene britische Fernblockade auf diesem Weg erfolgreich gegen den britischen Seehandel vorgehen zu können. Anfangs führten die deutschen U-Boote den Handelskrieg noch gemäß der internationalen Prisenordnung. Ab dem 18. Februar 1915 erhielten die U-Boote dann jedoch die Erlaubnis, in einem zur Kriegszone erklärten Seegebiet um Großbritannien gegnerische Handelsschiffe vorwarnungslos zu versenken. Als im Mai 1915 das deutsche Unterseeboot U 20 das Passagierschiff »Lusitania« versenkte und zahlreiche US-Bürger starben, drohte Washington mit einem Kriegseintritt, sollte der uneingeschränkte U-Boot-Krieg nicht eingestellt werden. Daraufhin führten die deutschen U-Boote den Handelskrieg wieder gemäß der Prisenordnung.
Der Kampf zwischen der militärischen Führung und dem Reichskanzler Bethmann Hollweg um die Wiedereinführung des uneingeschränkten U-Boot-Krieges ging jedoch weiter. Noch lehnte der Kaiser aus Angst vor einem amerikanischen Kriegseintritt aufseiten der Entente diesen Schritt ab. Angesichts der angespannten militärischen Lage und der sich dramatisch verschärfenden Ernährungssituation in Deutschland forderten der Admiralstab und die OHL aber immer vehementer die Wiedereinführung des uneingeschränkten U-Boot-Krieges. Mit dem Argument, Großbritan-

ihre wirtschaftliche Abhängigkeit von den USA stetig gestiegen. Besonders gravierend war jedoch, dass als Folge der Niederlagen des Jahres 1916 sowie der dramatischen Verschlechterung der wirtschaftlichen Lage Russlands im Winter 1916/17 Zar Nikolaus II. nach Massenstreiks

Versenkung eines Handelsdampfers gemäß Prisenordnung (Gemälde von Willy Stöwer, 1915)

nien werde nach sechs Monaten uneingeschränkten Kampfes der U-Boote kapitulieren, setzte sich die militärische Führung letztlich im Januar 1917, den Kriegseintritt der USA billigend in Kauf nehmend, beim Kaiser durch. Am 1. Februar 1917 wurde der uneingeschränkte U-Boot-Krieg erneut eröffnet. Die USA erklärten daraufhin am 6. April 1917 Deutschland den Krieg. Trotz anfänglich großer Erfolge der deutschen Marine blieb die Kapitulation Großbritanniens aus. Im Gegenteil: Aufgrund verbesserter Abwehrmaßnahmen und der Einführung des Konvoisystems ging die Anzahl der versenkten Schiffe ab Herbst 1917 dramatisch zurück. Letztlich verlegten die USA vom Jahresbeginn 1918 an monatlich über 100 000 Mann auf dem Seeweg nach Frankreich und stabilisierten so die stark unter Druck stehende Westfront und damit die Entente – trotz des uneingeschränkten U-Boot-Kriegs.

und Arbeiteraufständen am 15. März abdanken musste. Die russische Februarrevolution beendete nicht nur die über 300-jährige Herrschaft der Romanows, sie führte zugleich zu einer schweren inneren Destabilisierung des Russischen Reiches. Ob Russland vor diesem Hintergrund weiterhin aufseiten der Entente gegen die Mittelmächte Krieg würde führen können, war für die Regierungen in Paris und London von strategischer Bedeutung, zumal die deutsche Regierung sofort die Chance ergriff, Wladimir Iljitsch Lenin und weiteren führenden russischen Bolschewiki Anfang April 1917 die Durchreise aus der Schweiz nach Petrograd zu ermöglichen, um so die sich langsam etablierende bürgerliche russische Regierung, die den Krieg gegen die Mittelmächte weiterführen wollte, ins Wanken zu bringen. Kurzfristig zeigte die deutsche Strategie nur geringen Erfolg, denn die neugebildete russische Regierung hielt trotz der Forderungen der Bolschewiki, den Krieg zu beenden, an den russischen Bündnisverpflichtungen fest. Langfristig braute sich jedoch ein Konflikt zusammen, der ganz im Sinne der deutschen Führung Russland destabilisieren würde und in der Oktoberrevolution münden sollte.

Nicht nur in Russland, auch in anderen kriegführenden Staaten gärte es angesichts der hohen Verluste und der immer schwieriger werdenden Lebensbedingungen der Bevölkerung. Der Ruf nach Frieden wurde in

Öffentliche Suppenküche in Berlin

Europa immer lauter. Immer mehr Soldaten wollten das für sie sinnlose Massensterben beendet wissen. So kam es in der französischen Armee nach dem Scheitern der Nivelle-Offensive am Chemin des Dames Ende April 1917 zu Meutereien. Erst nach mehreren Wochen gelang es der französischen Führung, die Ordnung wieder herzustellen.

Auch Deutschland wurde seit Jahresbeginn 1917 von innenpolitischen Krisen geschüttelt. Die Versorgungslage mit Nahrungsmitteln verschlechterte sich nicht nur wegen der Blockade, sondern auch wegen Missernten dramatisch. Im Anschluss an die Hungerproteste während des »Steckrübenwinters« kam es wegen der teilweisen Solidarisierung der deutschen Arbeiterschaft mit den Bolschewiki, des Kriegseintritts der USA sowie vor allem der sehr schlechten Lebensmittelversorgung zu Massenstreiks, an denen sich viele mittlerweile in den Fabriken arbei-

Infolge der schlechten Lebensmittelversorgung kam es im Januar 1918 zu Demonstrationen und Massenstreiks. Wie hier in St. Pauli, Hamburg, wurde auch Militär gegen die Streikenden eingesetzt.

tende Frauen beteiligten. Gleichzeitig spaltete sich der linke Flügel der SPD zunehmend ab und gründete die Unabhängige Sozialdemokratische Partei Deutschlands (USPD). Für die SPD wurde es schwieriger, ihre Kooperation mit der Reichsregierung gegenüber der Bevölkerung zu vertreten. Die Arbeiterschaft verlangte immer nachdrücklicher politische Reformen. Zur Besänftigung der aufgebrachten Untertanen versprach der Kaiser in seiner sogenannten Osterbotschaft am 7. April die Abschaffung des Dreiklassenwahlrechts nach Beendigung des Krieges. Letztlich gelang es der Reichsregierung damit, die deutsche Bevölkerung vorerst zu beruhigen. Dagegen geriet Bethmann Hollweg innenpolitisch immer stärker unter Druck. Die OHL arbeitete seit Monaten auf seine Ablösung hin. Als die Mehrheitsparteien des Reichstags im Juli eine Friedensresolution ohne Gebietsabtretungen beschlossen, geriet er schließlich zwischen alle Stühle. Letztlich gab der Kaiser dem Druck des Militärs nach und ließ Bethmann Hollweg fallen.

Die OHL nutzte diese Situation und setzte am 14. Juli mit Georg Michaelis ihren Kandidaten als Nachfolger durch. Damit hatte sie ihre Macht weit über ihr militärisches Aufgabenfeld in die Politik hinein ausgedehnt. Dies war nur möglich, weil Wilhelm II. dem Machtanspruch des zur nationalen Identifikationsfigur und für viele Deutsche zur letzten Hoffnung gewordenen Hindenburg kaum noch Widerstand entgegenbrachte. Fast zeitgleich mit dem innenpolitischen Umbau meuterten auf einigen Großkampfschiffen der Hochseeflotte im August 1917 Matrosen. Obwohl die Unruhen in erster Linie marinespezifischen Problemen, insbesondere den unhaltbaren inneren Zuständen an Bord der zumeist untätig im Hafen liegenden Großkampfschiffe geschuldet waren, musste die OHL erkennen, dass die in der Bevölkerung weitverbreitete Friedenssehnsucht sowie revolutionäres Gedankengut mittlerweile auch die Soldaten erfasst hatten.

Auf den verschiedenen Kriegsschauplätzen der Mittelmächte stellte sich die Lage Ende 1917 unterschiedlich dar. So hielt die osmanische Armee dem Druck der britischen Truppen nur noch begrenzt stand. Am 11. März eroberten britische Truppen Bagdad und am 31. Oktober durchbrachen sie die osmanische Sinaifront, um sofort mit dem Vormarsch auf Jerusalem zu beginnen. Die zur Rückeroberung Bagdads in Marsch gesetzten deutschen Verbände mussten daraufhin umdirigiert werden, um den britischen Vormarsch in Palästina zu stoppen.

Hindenburg (5. v. l.) erörtert mit Ludendorff (r.), dem frisch ernannten Reichskanzler Michaelis (links neben Hindenburg) und Vertretern der Reichstagsparteien im Garten des Reichsamts des Inneren die Kriegszielfrage, 14. Juli 1917.

An der Ostfront dagegen hatten deutsche und österreichisch-ungarische Verbände die am 1. Juli begonnene russische Kerenski-Offensive nicht nur abgewehrt, sondern im Gegenangriff bis Anfang August fast ganz Galizien erobert. Durch die Eroberung Rigas und der Baltischen Inseln im September/Oktober 1917 schufen sie die Voraussetzungen, um auf die russische Hauptstadt Petrograd (Sankt Petersburg) vorzurücken. Auch gegen Italien waren die Mittelmächte erfolgreich. Ende Oktober gelang der Durchbruch bei Karfreit. In dessen Folge konnte die italienische Armee bis an die Piave zurückgedrängt werden.

Auf dem Hauptkriegsschauplatz im Westen hatte die deutsche Verteidigung bislang allen Angriffen der Entente standgehalten. Mitte März hatten deutsche Truppen die im wahrscheinlichen Schwerpunkt eines baldigen alliierten Angriffs gelegene Stellung zwischen Arras und Soissons für die Entente völlig überraschend geräumt und sich auf die zuvor ausgebaute Siegfriedstellung zurückgezogen. Im Rahmen des »Unternehmens Alberich«, das alliierte Offensiven erschweren sollte, hatte man das geräumte Gebiet planmäßig verwüstet, Ortschaften zerstört und an die 100 000 Zivilisten deportiert.

Britische Soldaten marschieren durch das zerstörte Péronne, nachdem die Deutschen sich auf die Siegfriedstellung zurückgezogen haben.

Von dem deutschen Rückzug völlig überrascht, war die Entente gezwungen, ihre bereits angelaufenen Offensivplanungen zu modifizieren. Auch aus diesem Grund scheiterte nach anfänglichen Erfolgen die von britischen und französischen Truppen gemeinsam am 9. April begonnene Nivelle-Offensive. Die am 31. Juli begonnene britische Flandern-Offensive (3. Flandernschlacht) brachte hohe britische Verluste, aber ebenfalls keinen Erfolg. Als die Schlacht nach geringen Geländegewinnen Anfang November endete, hatten kanadische Verbände am 6. November zwar das psychologisch wichtige Dorf Passchendaelle eingenommen, doch das operative Ziel, die Eroberung der deutschen U-Boot-Stützpunkte in Flandern, lag in weiter Ferne. Auch der britische Durchbruchsversuch bei Cambrai am 20. November scheiterte, obwohl erstmals massenhaft Panzer eingesetzt wurden. Das von den Briten eroberte Gelände gewannen die deutschen Truppen nur wenige Tage später in einem Gegenangriff sofort zurück. Im Westen hatte die

Front allen Angriffen der Entente trotz steigender Kriegsmüdigkeit der Soldaten standgehalten. Das war nicht zuletzt der neu eingeführten beweglichen Verteidigung zu verdanken, die zudem, für die OHL besonders wichtig, weniger Truppen erforderte.

Auf den ersten Blick könnte ein Beobachter nun zu der Erkenntnis gelangen, die Mittelmächte seien als Punktsieger aus dem militärischen Ringen des Jahres 1917 hervorgegangen, zumal die Bolschewiki in der Oktoberrevolution die Macht in Russland übernommen hatten. Am 15. Dezember war deshalb ein Waffenstillstand zwischen Russland und Deutschland vereinbart worden. Damit hatte sich Deutschland aus dem Zweifrontenkrieg befreit und konnte seine militärische Schlagkraft endlich ganz auf die Westfront konzentrieren.

Doch eine nüchterne Beurteilung der Lage lässt die Realität in einem gänzlich anderen Licht erscheinen. Die Lage der deutschen Verbündeten Bulgarien, Osmanisches Reich und Österreich-Ungarn war äußerst kritisch. Die türkische Armee befand sich in Palästina sowie im Irak auf dem Rückzug, die bulgarische Armee war kriegsmüde und die habsburgische Armee war nur noch ein Schatten vergangener Tage. An allen Fronten mussten deutsche Truppen gleichsam als Korsettstangen den endgültigen Zusammenbruch der Verbündeten verhindern. Erschwerend kam hinzu, dass die Ententemächte aufgrund ihres ungehinderten Zugangs zum Welthandel trotz aller Verluste ihren personellen und materiellen Vorsprung weiter ausgebaut hatten und zukünftig weiter ausbauen würden. Die deutsche Industrie und Landwirtschaft hingegen stieß, nicht zuletzt wegen der alliierten Seeblockade, zunehmend an die Grenzen ihrer Leistungsfähigkeit.

Innenpolitisch war die Lage sowohl in Deutschland als auch bei seinen Verbündeten auf das Äußerste angespannt. Die Januarstreiks wirkten auf die militärische und politische Führung wie ein Menetekel, denn sie öffneten der OHL schlagartig die Augen dafür, dass der Bolschewismus und damit die Revolution zu einer realen Gefahr für das Kaiserreich werden könnten.

Zudem gestaltete sich die wirtschaftliche Lage Deutschlands und seiner Verbündeten immer schwieriger. Dies hatte direkte Auswirkungen auf die Kriegführung der Mittelmächte, denn zum einen konnte die deutsche Industrie trotz des Hindenburg-Programms weder die Armee noch die Marine mit dem benötigten Kriegsmaterial, zum Beispiel

U-Booten, Tanks und Lastkraftwagen, ausstatten. Zum anderen mussten große Truppenkontingente in den besetzten russischen Gebieten präsent bleiben, um die erhofften und dringend benötigten ukrainischen Getreidelieferungen sicherzustellen. Die personelle Ersatzlage war zudem äußerst heikel. So legte das Kriegsministerium Anfang 1918 Berechnungen vor, denen zufolge sich die Personalersatzlage ab Sommer 1918 dramatisch verschlechtern würde. Das Heer hatte dem alliierten Angriffsdruck des Jahres 1917 zwar standgehalten, aber die Masse der Soldaten war kriegsmüde. »Die Drückebergerei«, wie Ludendorff es nannte, griff im Heer immer mehr um sich. Zudem fürchteten die Soldaten eine Fortführung des Stellungskrieges. Ob die Soldaten die ungeheuren Strapazen einer erneuten Defensive durchstehen oder zusammenbrechen würden, war unklar, zumal die Zweifel am Sieg des Kaiserreiches in der Armee wuchsen. Die Truppe wünschte sich daher die

Elefanten im Kriegshilfsdienst: Hagenbeck'scher Elefant beim Transport von Riesenkesseln für eine Munitionsfabrik durch die Straßen Berlins, Winter 1917/18

Frauen bei der Arbeit in einem deutschen Rüstungsbetrieb, 1917

Offensive, um den Krieg so schnell wie möglich zu beenden. Frieden statt territorialer Gebietsgewinne war ihr Ziel – und dafür war die Mehrheit der Frontsoldaten bereit, zum letzten Mal anzugreifen.

Der von der OHL und dem Admiralstab als Siegesrezept im Februar 1917 durchgesetzte uneingeschränkte U-Boot-Krieg hatte sich trotz der Anfangserfolge sowohl militärisch als auch politisch als eklatanter Fehlschlag erwiesen. Nicht nur hatte er Großbritannien keineswegs in die Knie gezwungen, er hatte auch die USA ins Lager der Entente getrieben. Die Zusage des Admiralstabes, mit dem uneingeschränkten U-Boot-Krieg Großbritannien nach wenigen Monaten niederzuringen, hatte sich als falsches Versprechen herausgestellt. Denn nach den ersten großen Erfolgen im uneingeschränkten U-Boot-Krieg war die Versenkungsquote seit Juli 1917 stetig zurückgegangen, da die Royal Navy zum einen die U-Boot-Abwehr verbesserte und zum anderen zum Schutz der Handelsschiffe ein Geleitzugsystem einführte. Daran konnte auch die schrittweise Erweiterung der Sperrgebiete nichts ändern. Durch den Kriegseintritt der USA aufseiten der Entente war die sich im Herbst 1917 abzeichnende Niederlage im U-Boot-Krieg mehr als eine verlorene

Im Maschinenraum eines deutschen U-Boots während einer Feindfahrt: Der leitende Ingenieur kontrolliert die Umdrehungszahlen des Motors.

Schlacht, sie war der entscheidende Wendepunkt des Krieges. Denn der neue Verbündete mit seinen gewaltigen materiellen und personellen Ressourcen wog das Ausscheiden Russlands aus der Entente für Großbritannien und Frankreich reichlich auf.

Vor diesem Hintergrund konnte die Entente ihre operativen Misserfolge an der Westfront strategisch gut verkraften. Frankreich und Großbritannien wussten, dass die Zeit nun für sie arbeitete. Trotzdem sprach sich der Oberbefehlshaber der britischen Streitkräfte, General Sir Douglas Haig, angesichts der angespannten deutschen Personalersatzlage für fortgesetzte Offensiven an der Westfront aus. Er konnte sich mit seinen Vorstellungen jedoch nicht gegen das Argument durchsetzen, man dürfe erst nach ausreichender amerikanischer Truppenverstärkung erneut zur Offensive übergehen. Während dieses Zeitfensters von ca. einem Jahr erwartete die Entente aber wegen der vorhersehbaren deutschen Kräfteverschiebung von der Ost- an die Westfront eine größere deutsche Offensive.

General Pétain, französischer Oberbefehlshaber

General Haig, britischer Oberbefehlshaber

Zur besseren Abstimmung der alliierten Kriegführung war erstmals im November 1917 der Oberste Kriegsrat der Entente zusammengekommen, dem Vertreter der USA, Italiens, Frankreichs und Großbritanniens angehörten. Doch auch dieses neugebildete Gremium trug nicht dazu bei, die nationalen Egoismen zu minimieren, die alliierte Kriegführung besser abzustimmen oder gar weitreichende Vorkehrungen zur Abwehr der erwarteten deutschen Großoffensive zu treffen. Die französischen und britischen Kontingente bereiteten sich getrennt voneinander auf den deutschen Angriff vor. Als minimalen Konsens vereinbarten Haig und der französische Oberbefehlshaber, General Philippe Pétain, lediglich, im Bedarfsfall einander zu unterstützen. Während Pétain weiterhin die Verteidigung von Paris anstrebte, richtete Haig sein Augenmerk auf den Schutz der Kanalhäfen. Die Verlegung der Truppen folgte logischerweise der jeweiligen Beurteilung der Lage.

Als die OHL im Herbst 1917 erkannte, dass die U-Boote den Seetransport der gewaltigen Material- und Menschenreserven der USA

Propagandaplakat zur Zeichnung von Kriegsanleihen durch die Bevölkerung. Damit versuchte das Kaiserreich, den Krieg zu finanzieren.

nach Europa nicht würden verhindern können, musste auch Ludendorff eine bevorstehende deutsche Niederlage in Betracht ziehen. Allenfalls müsste es dem Kaiserreich gelingen, die Entente vor dem Eingreifen der amerikanischen Verstärkungen in Frankreich zu schlagen. Ein weiteres

Festhalten an der erfolgreichen Defensivstrategie im Westen erschien der OHL bei steigender Kriegsmüdigkeit der Mittelmächte und der ständig wachsenden Überlegenheit der Alliierten gleichbedeutend mit der Niederlage. Das Ausscheiden Russlands aus dem Krieg nährte in der OHL Ende 1917 die Hoffnung, Deutschland könne durch eine Konzentration aller verfügbaren Kräfte doch noch den Siegfrieden im Rahmen einer großangelegten Offensivoperation erzwingen.

Mit »Siegfrieden« ist ein Schicksalswort des Jahres 1918 angesprochen. Für die militärische Führung unter Hindenburg und Ludendorff sowie für große Teile der politischen Eliten war es ein Synonym für das Erringen einer deutschen Weltmachtstellung durch territoriale Zugewinne. Die Annexion der flandrischen Küste und wirtschaftlich bedeutender nordfranzösischer Industrieregionen wurde in dieser Kriegszielkonzeption ebenso gefordert wie koloniale Erweiterungen und Marinestützpunkte in Übersee. Der mit den Sowjets am 3. März 1918 geschlossene Diktatfrieden von Brest-Litowsk kann als Beleg dafür gelten, wie Ludendorff und seine Umgebung sich auch den Frieden im Westen vorstellten. Dabei verdrängte die OHL zum einen, dass durch den Kriegseintritt der USA das Ausscheiden Russlands mehr als ausgeglichen wurde, und zum anderen, dass im ehemaligen Zarenreich die wirtschaftliche und innere Destabilisierung unaufhörlich fortschritt. So erkannten oder wollten sie nicht erkennen, dass sich in die Sonne des Sieges bereits die ersten Schatten der Niederlage und der Revolution mischten. Daran konnte auch der Diktatfrieden von Brest-Litowsk nichts ändern.

Die Entente hätte, gestärkt durch den Sieg der Mittelmächte an der Ostfront, den Mittelmächten einen Kompromissfrieden auf der Basis des Status quo ante anbieten können, aber das lehnte die OHL kategorisch ab. Sie beharrte ebenso wie die Marineführung auf ihrem Kriegszielkatalog. Nur auf Druck des Kaisers gab Ludendorff seine Zustimmung dazu, dass im Herbst 1917 der Staatssekretär des Auswärtigen Amtes, Richard von Kühlmann, im Rahmen seiner Friedenssondierungen mit Großbritannien unter bestimmten Bedingungen erklären konnte, Deutschland sei »zur Wiederherstellung der territorialen Integrität und der Souveränität Belgiens« bereit.

Die deutschen Friedenssondierungen wurden allerdings durch einen territorialen Forderungskatalog der Ententemächte beantwortet. Zudem verlangte der britische Premier David Lloyd George einen eindeutigen militärischen Sieg, um neben den notwendigen territorialen Veränderungen die deutschen Rechtsbrecher zu bestrafen. All das bestätigte die OHL in ihrer Gewissheit, dass Deutschland von der Entente keinen fairen Frieden zu erwarten habe.

David Lloyd George, britischer Premierminister

Dass Anfang 1918 ein Verständigungsfrieden noch möglich gewesen wäre, ist wenig wahrscheinlich, da weder die Entente noch Deutschland sich ernsthaft um ihn bemühten. Sowohl das Kaiserreich als auch die Entente, mit den USA im Rücken, setzten eindeutig auf einen baldigen militärischen Sieg. Die Zeit für Verhandlungen war auf beiden Seiten ungenutzt verstrichen. Folglich bestand für das Kaiserreich angesichts der materiellen und personellen Überlegenheit der Entente aber auch keine Aussicht mehr, durch eine militärische Defensive im Westen einen Verständigungsfrieden zu erreichen. Einzig Deutschlands Verzicht auf Elsass-Lothringen hätte vielleicht eine Friedensoption eröffnet. Dies war aber hochgradig ungewiss und ein solcher Schritt wäre einer politischen Kapitulation nahegekommen. Dazu aber waren die verantwortlichen Politiker nicht bereit, und schon gar nicht die führenden Militärs des Kaiserreiches. Hinzu kam, dass unter anderem aufgrund der mangelnden Informationen durch die OHL weder die politische Führung noch der Admiralstab sich der realen militärischen Lage des Reiches Anfang 1918 bewusst waren. Ebenso wie bei der durch Propaganda beeinflussten deutschen Bevölkerung verdrängten die Erfolge im Osten und in Italien in ihrer Wahrnehmung die nüchterne militärische Realität. Zudem besaß die OHL noch immer eine militärische Autorität, die nicht in Frage gestellt wurde.

Es muss aber auch bei aller scheinbaren Unausweichlichkeit des Folgenden festgestellt werden, dass gerade die OHL in den letzten

Historische Bildpostkarte vom April 1918, die die Friedenssehnsucht der Deutschen symbolisiert

Kriegsjahren mit ihren überzogenen Kriegszielforderungen einen Verständigungsfrieden gezielt verhindert hatte. Eine militärische Defensive hätte einen größeren politisch-militärischen Spielraum eröffnet. Ludendorff, dessen Wahrnehmung der politischen Realität durch seinen selektiv auf militärische Belange gerichteten Blick eingeschränkt war, sah sich durch das Verhalten der Entente in seinem Entschluss bestätigt, in einer letzten großen Offensive den Sieg zu erzwingen. Unfähig, in größeren politischen Dimensionen zu denken, degradierte er die vorrangig politische Entscheidung zur deutschen Schicksalsoffensive zu einem rein militärischen Entschluss, den er ohne Beteiligung der Reichsleitung fällte, um diese später vor vollendete Tatsachen zu stellen. Er verstieg sich sogar zu der Erklärung, »das deutsche Volk habe nur die Wahl in der Offensive zu siegen oder unterzugehen«. Diese fünfundzwanzig Jahre später erneut von den Nationalsozialisten benutzte Phrase wirft die Frage auf, ob bei realistischer Lagebeurteilung Anfang 1918 überhaupt ein Siegfrieden möglich oder die Niederlage unabwendbar war.

Positiv schlug die durch den Sieg im Osten möglich gewordene Verschiebung von Truppen der Ostfront an die Westfront zu Buche, auch wenn die Masse der Verbände weder personell noch materiell der Qualität des Westheeres entsprach. Immerhin konnte eine leichte numerische Überlegenheit an der Westfront erreicht werden. Dieser Vorteil wurde aber durch die ständig ansteigende Zahl in Europa anlandender amerikanischer Soldaten spätestens im Herbst 1918 mehr als wettgemacht.

Obwohl die OHL massive Truppenverschiebungen von der Ost- an die Westfront veranlasste, blieb ein Teil der Truppen weiterhin im Osten. Das durch den russischen Bürgerkrieg verursachte politische und militärische Machtvakuum im Süden Russlands wirkte aus geostrategischen sowie wirtschaftlichen Gründen wie ein Magnet auf alle Kriegsparteien. Beispielsweise erhoffte man sich von der Besetzung der Ukraine, der Kornkammer Russlands, eine Überwindung der Nahrungsmittelkrise. Mit dem Zusammenbruch des Russischen Reiches 1917 und dem Vormarsch der Mittelmächte in der Ukraine sowie auf der Krim im Frühjahr 1918 fiel die Aufmerksamkeit der OHL auch auf die Kaukasusregion mit ihren Rohstoffressourcen. Ludendorff bewertete, den bevorstehenden Sieg an der Westfront vor Augen, das geostrategische Potenzial der Kaukasusregion Anfang 1918 neu. Im Kampf gegen das britische Weltreich galt ihm der Kaukasus nun als Verbindung zum Orient, gleichsam als Landbrücke zwischen den beiden großen Meeren auf dem Weg nach Indien über Afghanistan. Ohne die Kontrolle dieses strategisch bedeutenden Raumes hielt er eine nach Asien ausgerichtete deutsche Expansion für unmöglich. Damit griff Ludendorff Ideen auf, die auch schon Napoleon im Kampf gegen England erwogen hatte.

Parallel zu dieser Entwicklung spitzte sich die Rohstofflage der Mittelmächte im Laufe des Jahres 1918 dramatisch zu. Insbesondere Mangan- und Kupfererz sowie Erdöl wurden Mangelware. Zudem rückten britische Verbände aus Persien gegen das Kaspische Meer vor. Also entschloss sich die OHL, obwohl an der Westfront die Entscheidung des Krieges bevorstand, zur Wahrung der deutschen Interessen Truppen in die Kaukasusregion zu entsenden, um die reichhaltigen Öl- und Erzlager unter deutsche Kontrolle zu bringen. Wie schon 1914 band sie damit Truppen auf einem Nebenkriegsschauplatz, die man an der Westfront hätte gebrauchen können. Wollte die OHL unter diesen Gegebenheiten den Sieg erringen, musste die Entscheidung an der

Deutsche Infanterie und Tross im Kaukasus

Westfront unter allen Umständen gefallen sein, bevor amerikanische Truppen in nennenswertem Umfang in die Kämpfe in Frankreich eingreifen konnten.

Wie im ersten Kriegsjahr hing daher das Damoklesschwert des Zeitdrucks über allen strategisch-operativen Planungen der deutschen Führung. Um aber unter Zeitdruck einen Gegner vernichtend schlagen zu können, muss der Angreifer über gut ausgebildete, gut gerüstete und vor allem über hochgradig mobile Streitkräfte verfügen. Da der Zeitdruck auf der operativ-strategischen Ebene und die zur Durchführung der Operationen notwendige Beweglichkeit der Truppe einander bedingen, wurde die Mobilität nicht nur zu einem wichtigen, sondern zu dem entscheidenden Faktor der Operationsführung. Ausgehend von dieser Tatsache fällt erneut die Parallele zu den Angriffsoperationen des Jahres 1914 ins Auge. Sowohl im ersten als auch im letzten Kriegsjahr war die Beweglichkeit der Verbände ein ausschlaggebender Faktor für den erstrebten Sieg.

↗ **Aus Mangel an Pferden und Zugmaschinen ziehen deutsche Soldaten ein Geschütz durch die zerstörte Landschaft.**

3 Planungen und Vorbereitungen

Nachdem die OHL sich im Verlauf des Sommers 1917 gegen die Defensive und für die bedingungslose Offensive an der Westfront 1918 entschieden hatte, traten für Ludendorff nun die organisatorischen und operativen Probleme eindeutig in den Vordergrund. So galt es nicht nur, Ort und Zeitpunkt des Angriffs zu wählen, sondern auch den Transport der Verstärkung an die Westfront sowie die Ausrüstung und Ausbildung der Angriffsdivisionen zu organisieren.

Die anlaufenden operativen Planungen sind ein typisches Beispiel für die Stabsarbeit im deutschen Heer. Denn der Erste Generalquartiermeister forderte von den Generalstabschefs der Heeresgruppen und dem Leiter der Operationsabteilung der OHL, nicht aber von den Befehlshabern der Heeresgruppen oder den Kommandierenden Generalen der Armeen, Denkschriften für eine mögliche entscheidende Offensive an der Westfront an. Auch ließ er sich von Ersteren ihre Ergebnisse auf einer Besprechung in Mons am 11. November 1917 im Beisein der Generalstabschefs der 6. und 2. Armee und des Oberbefehlshabers der Heeresgruppe Kronprinz Rupprecht, Generalfeldmarschall Kronprinz Rupprecht von Bayern, vortragen. Diese Verfahrensweise belegt die bis heute geltende herausgehobene Stellung der Generalstabschefs oder der Chefs der Stäbe im Führungsvorgang des deutschen Heeres. Ludendorff trieb diesen Führungsstil im Laufe der Operationen des Jahres 1918 auf die Spitze, als er während der Gefechtshandlungen an den Kommandierenden Generalen und Kommandeuren vorbei regelmäßig direkt auf die ersten Generalstabsoffiziere (Ia) der Armeen, Armeekorps und Divisionen zugriff. Eine weitere deutsche Besonderheit ist die Tatsache, dass die wichtigste Abteilung der OHL, die Operationsabteilung, nicht wie in anderen Armeen etwa von einem Oberst oder General, sondern lediglich von einem Major, dem späteren Oberstleutnant Georg Wetzell, geführt wurde. Auffällig, doch wiederum nicht ungewöhnlich für die deutsche Kriegführung, war außerdem, dass die Marine in keiner Weise in die Planungen eingebunden wurde. Heer und Marine führten weiterhin ihren jeweils eigenen Krieg.

Generalfeldmarschall Kronprinz Rupprecht von Bayern

Wetzell und der Generalstabschef der Heeresgruppe Deutscher Kronprinz, Oberst Friedrich Graf von der Schulenburg, sprachen sich in Mons gegen eine Offensive in Flandern aus, da sie angesichts des schwierigen Geländes und der nun frontnah stationierten starken britischen Reserven dort keinen kriegsentscheidenden, sondern lediglich einen örtlich begrenzten Erfolg erwarteten. Sie plädierten für eine Offensive (unter dem Codenamen »Castor und Pollux«) gegen die Franzosen im Raum Verdun. Die beidseitige Abschnürung des Verdunbogens würde nach ihrer Lagebeurteilung nicht nur einen strategischen, sondern den für einen Siegfrieden als notwendig erachteten großen, moralisch kriegsentscheidenden Sieg ermöglichen. General Hermann von Kuhl, der Generalstabschef der Heeresgruppe Kronprinz Rupprecht, dessen Heeresgruppe den Briten gegenüberlag, legte einen komplett ausgearbeiteten Angriffsplan (»Georg«) für eine Flandernoffensive vor. Er favorisierte den Durchbruch an der auch von demoralisierten portugiesischen Divisionen gehaltenen britischen Lys-Front mit Stoßrichtung Baileul-Hazebrouck.

Nach erfolgreichem Durchbruch plante er mit einem tiefgestaffelten Flügel weit auszuholen, um dann das Gros der britischen Verbände an die Kanalküste zu drängen und zwischen dem Meer und den deutschen Truppen einzukesseln; Kuhl zufolge wäre das ebenfalls eine entscheidende Operation. Er veranschlagte für die Offensive 35 Divisionen und 400 schwere Batterien. Aufgrund der schwierigen Geländebedingungen – viele Flächen waren im Winter überflutet – könne der Angriff aber nicht vor Anfang April beginnen. Im Verlauf der Besprechung kam der alternative Gedanke auf, den Angriff gegen die Briten weiter im Süden bei St. Quentin zu führen. Darin sah Ludendorff die einzige reelle Möglichkeit, im frühen Frühjahr anzugreifen und damit der Entfaltung der

Deutsche Truppen sammeln sich im März 1918 vor der deutschen Frühjahrsoffensive in St. Quentin zum Abmarsch an die Front.

amerikanischen Truppen zuvorzukommen sowie den angestrebten und der deutschen Bevölkerung propagandistisch verkündeten Siegfrieden zu erreichen. Angesichts der strategischen Lage der Mittelmächte war das ein zentrales Argument.

Am Ende der Besprechung fasste Ludendorff die Diskussion zusammen und legte die operativen und strategischen Grundzüge des späteren Angriffs fest, indem er die entscheidenden Faktoren Zeit und Raum im Rahmen der Operation in die strategische Ebene der Mittelmächte einordnete und auf den Punkt brachte:

> Die Lage in Russland und Italien wird es uns, soweit ersichtlich, ermöglichen, im neuen Jahr an der Westfront einen Schlag auszuteilen. Beide Seiten werden etwa gleich stark sein. Ungefähr 35 Divisionen und 1000 schwere Geschütze können für die Offensive zur Verfügung gestellt werden. Das wird für eine Offensive genügen; eine zweite große Offensive zu gleicher Zeit, sagen wir als Ablenkungsmanöver, wird nicht möglich sein. Unsere allgemeine Lage erfordert, dass wir zum frühest möglichen Zeitpunkt losschlagen, wenn möglich Ende Februar oder Anfang März, ehe die Amerikaner starke Kräfte in die Waagschale werfen können. Wir müssen die Engländer schlagen. […] Es ist zu prüfen, ob nicht weiter südlich günstigere Vorbedingungen für eine Operation gegeben sind. Insbesondere erscheint ein Angriff bei St. Quentin aussichtsreich.

Damit war eine erste Vorentscheidung für eine entscheidungssuchende Offensive gegen die britischen Verbände gefallen. Indem er bei St. Quentin den Stoß ansetzen und den Durchbruch erzwingen wollte, erweiterte Ludendorff die Planung Kuhls deutlich. Die Offensive sollte nun in der Nähe der Nahtstelle zwischen der britischen und französischen Armee und damit auf dem Südflügel der britischen Front eröffnet werden. Nach erfolgtem Durchbruch sollte der Vorstoß entlang der Somme weitergeführt werden, um dann nach Nordwesten einzudrehen. So wollte man die gesamte britische Armee an die Kanalhäfen zurückdrängen und vernichtend schlagen. Großbritannien und damit letztlich die Entente sollten so zum Frieden gezwungen werden, bevor die amerikanischen Verstärkungen eintreffen würden. Dabei ging die OHL davon aus, dass die britische Armee weniger beweglich und damit

Ludendorff mit dem Generalstabschef des Oberbefehlshabers Ost, Oberst Max Hoffmann, während einer Besprechung im Großen Hauptquartier im Frühjahr 1917

schlechter geführt werde als die französische. Nach dem Krieg begründete Ludendorff seine Entscheidung damit, die Engländer wären nach einer vernichtenden Niederlage eher friedensbereit gewesen als die Franzosen. Zudem erschien ihm ein Sieg gegen die Engländer leichter, da sie schwerfälliger als die Franzosen operierten.

Ludendorff legte sich aber in Mons noch nicht endgültig fest und befahl, mehrere Offensiven gegen die Engländer vorzubereiten. Im Verlauf des sich nun bis Mitte Januar hinziehenden Entscheidungsprozesses erarbeiteten die Heeresgruppen noch mehrere alternative Vorschläge, unter anderem »Georg II«, um den Ypernbogen abzuschneiden, den »Walkürenritt« bei Vimy und »Mars« an der Lorettohöhe. Auch ein Angriff beidseits von Verdun war noch im Gespräch. Parallel dazu brachte Wetzell den Gedanken auf, nicht einen alles entscheidenden Schlag, sondern mehrere Offensiven gleichzeitig oder zeitlich versetzt zu führen. Dieser Gedanke beschäftigte Ludendorff in den folgenden Wochen zusehends. Das erstaunt nicht, hatte er doch noch im April 1917, als er erste Überlegungen für einen Großangriff im Westen mit dem Generalstabschef des Oberbefehlshabers Ost, Oberst Max Hoffmann, besprach, keiner sofortigen entscheidenden Offensive das Wort geredet: »Ein Durchbruch im Westen«, meinte Ludendorff damals, »sei unendlich viel schwerer [als im Osten], und man müsse deshalb im Westen nacheinander verschiedene Stellen ausprobieren, um zu sehen, wo man auf eine Schwäche beim Gegner stieße, gegen die man den Angriff dann mit allen Kräften fortsetzen müsse.« Bis 1918 reifte in Ludendorff der Gedanke weiter, nicht alles auf eine Karte zu setzen, sondern Reserven für weitere Schläge zurückzuhalten.

Bevor er eine endgültige Entscheidung traf, bereiste er vom 18. bis 21. Januar 1918 die in Frage stehenden Frontabschnitte und besprach sich mit den dort zuständigen Generalstabschefs. Am Nachmittag des 21. Januar fand die Abschlussbesprechung mit Kuhl und Schulenburg statt. An deren Ende stand die Entscheidung fest. Aus taktischen Erwägungen – das Gelände im Raum Verdun erschien Ludendorff zu bergig, das im Norden zu sumpfig – entschloss er sich, weil er die Verteidigungsstellung des Gegners zwischen Arras und St. Quentin als schwach und daher für einen Durchbruch geeignet einstufte, für einen Angriff in der Nähe der Nahtstelle der Ententetruppen bei St. Quentin. Interessant ist dabei, dass er seinen Entschluss, die entscheidungssuchende Offensive in diesem Raum durchzuführen, taktisch und nicht strategisch begründete. Für Ludendorff stand der Erfolg des taktischen Durchbruches, der im Krieg bis jetzt keiner Seite gelungen war, im Zentrum seiner Überlegungen. Deshalb entschied er sich für den Angriff beiderseits von St. Quentin, da dort die besten Chancen für einen taktischen Durchbruch lagen, nicht aber, weil ein erfolgreicher Durchbruch an dieser Stelle optimale operativ-strategische Optionen eröffnete. Dieser Punkt wird im weiteren Verlauf noch von Interesse sein.

Die Entscheidung war gefallen, und die Offensive erhielt den Decknamen »Michael«. Ludendorff verschob die unangenehme Beschäftigung mit der strategischen Offensive und deren Zielen, um sich auf das zu stürzen, was er auch nach Aussage aller seiner Kritiker perfekt beherrschte. Er organisierte die Armee neu, um sie zum Durchbruch in die Tiefe des gegnerischen Raums zu befähigen. In den nächsten Monaten verlegte die OHL in einer gewaltigen Truppenverschiebung 33 Divisionen von der Alpen- und Ostfront in den Westen. Insgesamt standen so im März 1918 von den 241 Divisionen des Feldheeres 192,5 an der Westfront.

Doch wie stand es im Frühjahr 1918 um die Mobilität der Armee, die seit 1915 im Westen in einem ununterbrochenen, zermürbenden Stellungskrieg gestanden hatte? Und wie wollte die OHL das tiefgestaffelte Verteidigungssystem des Gegners durchbrechen, um zum Bewegungskrieg überzugehen? Immerhin war dies der Entente, trotz ihrer materiellen und personellen Überlegenheit, 1917 nicht gelungen, und der Durchbruch war doch die unabdingbare Voraussetzung für den Angriff in die Tiefe.

Beide Fragen standen von Anfang an neben den operativen Planungen im Mittelpunkt der Überlegungen der OHL für die große Schlacht um Frankreich. Um sie zu beantworten, betrat sie neue Wege, indem sie die Erfahrungen der letzten Jahre besonders von der Ostfront aufgriff. So wurden erst 44, schließlich 70 Divisionen für den Angriff neu gegliedert, ausgestattet und ausgebildet. Diese beweglich gemachten Verbände erhielten die Bezeichnung Mob.-Division. Eine deutsche Infan-

Deutsche Nachschubtruppen durchqueren eine zerstörte Ortschaft an der Westfront während der deutschen Frühjahrsoffensive.

teriedivision gliederte sich zu Jahresbeginn 1918 in der Regel in eine Infanteriebrigade, ein Feldartillerieregiment, ein Fußartilleriebataillon und ein Pionierbataillon mit einer Minenwerferkompanie. Hinzu kamen Nachrichten- und Kraftfahrtruppen sowie sanitätsdienstliche und logistische Einheiten. Jede Infanteriebrigade hatte wiederum drei Infanterieregimenter mit je drei Infanteriebataillonen, einer Maschinengewehr-Scharfschützenabteilung und einem Feldrekrutendepot. Die Infanteriebataillone verfügten jeweils über eine Maschinengewehrkompanie. Im Gegensatz zu diesen Stellungsdivisionen erhielten die neuen Mob.-Divisionen zusätzliche personelle und materielle Ausstattungen. So wurden die Bataillone personell auf ihre planmäßige Feldstärke von 850 Mann ohne Maschinengewehrkompanie aufgestockt. Zudem bekamen sie für ihren Einsatz im geplanten Bewegungskrieg weitere Einheiten wie eine Flieger- und eine Divisionsfunkerabteilung zugeteilt. Da die OHL besonderen Wert auf die Beweglichkeit der Mob.-Divisionen legte, stattete sie diese noch mit einem Sanitätskraftfahrzug, einer Divisionskraftwagenkolonne, vier Munitionskolonnen, einer Nahkampfmittelkolonne sowie jeweils einer Feldbäckerei- und einer Feldschlachterei-Abteilung aus. Um die Beweglichkeit zu erhöhen, reduzierte sie temporär die Zahl der Minenwerfer und Maschinengewehre. Trotzdem verfügten die Mob.-Divisionen bei einer Stärke von 15 000 bis 16 000 Mann über 180 leichte (MG 08/15) und 108 schwere Maschinengewehre (MG 08) sowie über 36 leichte Feldkanonen bzw. Feldhaubitzen sowie zwölf schwere Feldhaubitzen.

Einen Schwerpunkt legte Ludendorff auf die Ausbildung der Mob.-Divisionen für den Bewegungskrieg, da die Truppe in den letzten Jahren an der Westfront ausschließlich defensiv agiert hatte. Erfahrungen im Bewegungskrieg waren jedoch im Osten gesammelt worden. Überhaupt war die Ostfront in vielerlei Hinsicht ein Experimentierfeld für taktisch-operative Innovationen im Heer gewesen. Die OHL stand nun vor der Aufgabe, mit der geplanten Offensive zwei Probleme gleichzeitig zu lösen. Zum einen ein taktisches: Wie gelingt der Durchbruch durch ein tiefgestaffeltes Verteidigungssystem, an dem bislang sowohl die Deutschen als auch die Briten und Franzosen gescheitert sind? Zum anderen ein operatives: Wie ist nach erfolgreichem Durchbruch der Angriff operativ auszuweiten, bevor der Verteidiger seine Reserven zum Einsatz bringen kann?

Durch Geräuschortung versuchte man die gegnerischen Geschützstellungen zu lokalisieren. Das Bild zeigt eine deutsche Artillerie-Entfernungsmesseinheit.

Um diese Probleme zu lösen, hatte die OHL nicht nur die gescheiterten Offensiven aller Kriegsteilnehmer der letzten Jahre eingehend analysiert, sondern unter kritischer Einbindung der taktischen Kriegserfahrungen der Truppe ein neues Angriffsverfahren entwickelt, das in der Vorschrift »Der Angriff im Stellungskriege« vom Januar 1918 seinen Niederschlag fand. Wichtig war in diesem neuen Verfahren die Modernisierung der taktischen Zusammenarbeit im Gefecht der verbundenen Waffen.

Im Gegensatz zur Entente, die Geschütze und Maschinengewehre (MG) panzerte und auf geländegängigen Kettenfahrzeugen installierte, entwickelten die Deutschen mit den ihnen zur Verfügung stehenden konventionellen Mitteln das Gefecht der verbundenen Waffen für Artillerie und Infanterie weiter sowie als Führungsprinzip das Stoßtruppverfahren. Dessen Vorzüge bestanden in seiner Beweglichkeit, Flexibilität, Schnelligkeit und Überraschung.

Voraussetzung für den Angriffserfolg war die exakte Abstimmung mit der Artillerie. Stoßtrupps sollten, teilweise zusammengefasst in Sturm-

Feuerwalze

Unter Feuerwalze wird eine Angriffstaktik verstanden, bei der die eigene Artillerie einen Streifen Land unmittelbar vor der im Angriff vorrückenden Infanterie beschießt. Dabei wandert das Feuer in einer zuvor festgelegten zeitlichen Abfolge auf das gegnerische Stellungssystem zu. Der Gegner soll durch das Artilleriefeuer in die Deckung gezwungen werden, was der eigenen Truppe die Annäherung an die gegnerischen Gräben ermöglicht. Erstmals wurde die Feuerwalze 1916 als neuartiges Schießverfahren an der Ostfront durch deutsche Truppen angewandt. Im weiteren Verlauf des Krieges übernahmen alle Kriegsparteien die Feuerwalze für die Vorbereitung ihrer Angriffe.

abteilungen sowie ausgerüstet mit leichten Maschinengewehren, Granatwerfern, Flammenwerfern und Handgranaten, der eigenen Feuerwalze folgen, um beweglich geführt und tiefgegliedert in die schwächste Stelle des feindlichen Grabensystems einzubrechen. Ohne Rücksicht auf offene Flanken und liegengebliebene Feindteile sollten sie mit dem Ziel vorgehen, das Stellungssystem zu durchbrechen. Ihnen folgten Kampfgruppen mit dem Auftrag, noch vorhandene Widerstandsnester auszuschalten. Schlachtfliegerangriffe unterstützten den Angriff ebenfalls. Ziel dieser Infiltrationstaktik war es, örtliche Erfolge ungeachtet einer möglichen Flankenbedrohung zum schnellen Durchbruch auszuweiten. Eigeninitiative und taktische Beweglichkeit standen im Zentrum aller Handlungen. Die OHL brachte es auf den Punkt: »Trotz aller planvollen Vorbereitungen und genauer Regelungen rollt ein Angriff nicht mechanisch ab, die Führer müssen führen, jedermann selbstständig handeln.«

Ebenso wie in der Verteidigung individualisierte sich auch im Angriff die Taktik. Kleine Kampfgruppen, geführt von jungen Offizieren und älteren erfahrenen Unteroffizieren, waren die Träger des Angriffs. So verringerte sich der Einfluss der mittleren und höheren Führung sowohl auf das Gefecht als auch auf die Truppe, also auch ihre Möglichkeiten, auf die Soldaten einzuwirken und sie zu kontrollieren. Um das zu kompensieren und die Kampfmoral zu erhöhen, führte die OHL begleitend zu den taktischen Innovationen den »Vaterländischen Unterricht« ein – ohne größeren Erfolg. Zudem appellierte sie verstärkt an die im

Gegensatz zu den materiellen und personellen Ressourcen vermeintlich unbegrenzt vorhandenen Potenziale wie die Moral, den Willen und besonders den Angriffsgeist.

Das taktische Moment des Durchbruchs stand im Zentrum dieser Vorschrift. Nach Ansicht der OHL hatten die schematischen Angriffsverfahren sowie die offenen Vorbereitungen, die mit tagelangem Artilleriefeuer eingeleitet wurden, rechtzeitige Gegenmaßnahmen der Entente ermöglicht und so den Durchbruch vereitelt. Letzterer konnte nach Überzeugung Ludendorffs daher nur durch Überraschung und flexibles Vorgehen der Infanterie erreicht werden.

Den Gegner überraschen konnte das deutsche Heer jedoch nur, wenn die Artillerie unerwartet und ohne tagelanges Einschießen den Feuerschlag eröffnete. Ohne Einschießen war die Trefferwahrscheinlichkeit der Artillerie aber gering, was im Angriff sogar die eigene Truppe gefährdete. Hauptmann Erich Pulkowski löste dieses Dilemma, indem er das »Pulkowskische Verfahren« entwickelte, mit dem sich Tageseinflüsse (wie z.B. Windgeschwindigkeit und Temperatur) rechnerisch ausschalten ließen: Nachdem nur einige Geschütze im Hinterland der Front eingeschossen waren, konnten die anderen Geschütze anhand von erstellten Schießtabellen mit hoher Wahrscheinlichkeit jedes aufgeklärte Ziel bekämpfen. Damit war die Voraussetzung für einen überraschenden Angriff gegeben.

Zeitgleich hatte Oberstleutnant Georg Bruchmüller, genannt »Durchbruchmüller«, ein an der Ostfront seit 1916 erprobtes artilleristisches Angriffsverfahren sowohl für die Vorbereitung des Infanterieangriffs als auch zur Unterstützung während des Sturms ausgearbeitet, das sich bei der Eroberung von Riga 1917 bewährt hatte. Bruchmüller gliederte die Artillerie in drei Gruppen: Die Infanterie-Bekämpfungsgruppen (Ika), die Artillerie-Bekämpfungsgruppen (Aka) und die Fernkampf- und Flankierungsgruppen (Feka). Zugleich zentralisierte er, gegen den Widerstand einiger Artilleriekommandeure, die Artillerieführung. Bruchmüller entwickelte zudem ein neues Verfahren für den Einsatz von tödlichen Giftgasgranaten – das Buntschießen. Abgeleitet von der farblichen Kennzeichnung der Granaten, Gelbkreuz (Hautkampfstoff), Grünkreuz (Lungenkampfstoff) und Blaukreuz (Nasen- und Rachenkampfstoff als Maskenbrecher) kombinierte er alle drei Kampfstoffe im Artilleriefeuer und ermöglichte so besonders den konzentrierten und gezielten Beschuss der gegnerischen Artillerie. Die so vergasten Frontabschnitte, die man oft zuvor mit Lost (Gelbkreuz, Hautkampfstoff) zum Flankenschutz kontaminiert hatte, wurden »Bunte Räume« genannt.

Der Artillerieschlag war nun nicht mehr auf mehrere Tage, sondern auf wenige Stunden ausgelegt. Die Kürze des Beschusses ermöglichte zwar keine völlige Zerstörung der gegnerischen Stellungen, seine moralische Wirkung war jedoch enorm. Zugleich wurde die Zerstörung in Grenzen gehalten und so das Nachziehen der eigenen Artillerie erleichtert, was für den weiteren Angriff von zentraler Bedeutung war.

Nach einem nur etwa zehn Minuten dauernden Feuerüberfall aller Batterien auf sämtliche gegnerische Stellungen begann nach dem Bruchmüllerschen Angriffsverfahren die zweite Phase des Artillerieschlags: die Lähmung der gegnerischen Artillerie durch Gas. Zu diesem Zweck wurden bis auf die Feka fast alle Batterien eingesetzt. Nach etwa einer Stunde begann die Bekämpfung der gegnerischen Infanteriestellungen durch die Ika, während die Aka die gegnerische Artillerie mit Gas attackierte. Da aufgrund fehlender Fernmeldemittel die Koordinierung der Artillerie fast unmöglich war, erfolgte der wechselnde Beschuss nach einem minutiös ausgearbeiteten Zeitplan. An diesen mussten sich sowohl die Artilleristen als auch die Infanteristen strikt halten. Denn nach einer zeitlich genau bemessenen Rollsalve, bei der die einzelnen Geschütze einer Batterie wiederholt und schnell nacheinander schossen, sodass der Eindruck einer rollenden Salve ohne Pausen entstand, sprang die Feuerwalze, die unmittelbar vor der angreifenden Infanterie die gegnerischen Truppen attackierte, in ca. 100-Meter-Sprüngen weiter in das gegnerische Stellungssystem hinein.

Nun konnte die Infanterie, als Sturmtruppen beweglich geführt, der eigenen Feuerwalze folgen. Stoßtrupps und Schützentrupps, teilweise zusammengefasst in Sturmabteilungen, sollten in die feindlichen Stellungen vordringen und Widerstandsnester umgehen, um in der Tiefe des Stellungsraumes die feindliche Artillerie zu bekämpfen. Ihnen sollten Kampfgruppen folgen, die den Auftrag hatten, die Widerstandsnester auszuschalten, während die Sturmtruppen den Angriff in der Tiefe unterstützten. Eigeninitiative stand im Vordergrund aller Handlungen.

In dieser Hinsicht hatte Ludendorff ein gewaltiges Problem zu lösen, denn die Soldaten und Offiziere, die in den letzten beiden Kriegsjahren

Deutscher Sturmtrupp beim Angriff während der Frühjahrsoffensive 1918

die Verteidigungsverfahren perfektioniert hatten, mussten nun in einer gewaltigen Ausbildungsanstrengung das neue Angriffsverfahren erlernen. Die Armeen richteten hinter der Front jeweils ein Generalkommando ein, das die ausgewählten Divisionen in dreiwöchigen Kursen ausbildete. Diese Qualifizierungsoffensive mitten im Krieg war eine enorme Leistung; gleichwohl fiel aufgrund der Kürze der Zeit der Ausbildungserfolg vielfach unbefriedigend aus. Gerade den Unterführern war durch den langen Stellungskrieg das selbstständige Handeln, eine unabdingbare Voraussetzung für das neue Angriffsverfahren, kaum noch vertraut. Ein Grund dafür war, dass durch die sehr hohen Verluste der letzten Jahre nicht mehr sehr viele Hochqualifizierte im Führerkorps vertreten waren. Den wenigen erfahrenen Soldaten standen immer mehr jüngere unerfahrene gegenüber. Zudem wurde es zunehmend schwierig, neue Rekruten zu finden. Schon 1917 hatte die OHL dem Reichskanzler zu verstehen gegeben, die schlechte Ersatzlage beeinträchtige die militärische Operationsfreiheit erheblich. Das Kaiserreich war an der Jahreswende 1917/1918 aufgrund der hohen Verluste aber nicht mehr fähig, auf Dauer gleichzeitig den Personalbedarf der Truppe und der Industrie zu decken; ihm gingen schlicht die jungen Männer

Soldaten eines deutschen Sturmtrupps in Ausrüstung

aus. Auch aus diesem Grund war ein baldiges Kriegsende zwingend notwendig. Die seit 1917 verstärkt praktizierte Rückführung verwundeter Soldaten an die Front löste diese Probleme nicht.

Den taktischen Durchbruch hatte Ludendorff Anfang März 1918 organisatorisch hervorragend vorbereitet. Die deutschen Truppen waren, soweit es die Kapazitäten im fünften Kriegsjahr zuließen, sehr gut ausgestattet und nach den modernsten Führungsgrundsätzen des Ersten Weltkrieges ausgebildet. Der Durchbruch durfte aber nur der Anfang sein. Das Ziel, die Entente bis zum Sommer 1918 vernichtend zu schlagen, konnte aber nur durch einen operativen Bewegungskrieg mit klarem strategischem Ziel erreicht werden. Waren die deutsche Führung und ihre Soldaten auch dafür vorbereitet?

Ein Indiz für die Beweglichkeit von Divisionen im Ersten Weltkrieg war ihre Ausstattung mit Kraftwagen, Panzern und Pferden. Während die Alliierten über 200 000 Lastkraftwagen und mehr als 800 Tanks einsetzen konnten, verfügten die deutschen Truppen lediglich über 23 000 Lastkraftwagen ohne Gummibereifung und nur ca. 40 Tanks. Infolge dieses niedrigen Mobilitätsgrades musste die Masse der Transportkolonnen und fast die gesamte Artillerie durch Pferde bewegt werden. Aber gerade die Ausstattung mit Zugtieren stellte die OHL vor ein gewaltiges Problem, denn im Laufe des Krieges waren so viele Pferde umgekommen, dass die Bedarfsforderungen der Heeresgruppen drastisch gekürzt werden mussten. Verschärft wurde diese Problematik durch die verstärkt auftretenden Auswirkungen der britischen Blockade. Es fehlten große Mengen Treibstoff, und besonders die Versorgung der Pferde mit Futter war kaum mehr sicherzustellen. Die Versorgung der verbliebenen Pferde war schlecht, Reserven für eine länger andauernde Operation waren nicht vorhanden. Die OHL forderte daher wiederholt unmissverständlich die Schonung der Pferde ein. Im Frühjahr 1918 waren am Ende die Pferde und ihr Ersatz noch knapper als die Soldaten. Lediglich 100 000 zumeist unterernährte zusätzliche Pferde konnten den ausgewählten Mob.-Divisionen zur Verfügung gestellt werden; sie kamen so auf eine Sollstärke von jeweils 4328 Zugtieren.

So war die OHL selbst unter Zusammenfassung aller Reserven an Pferden und Lastkraftwagen nur in der Lage, ca. 70 Divisionen für den Bewegungskrieg mobilzumachen. Obwohl alle anderen Divisionen damit zu unbeweglichen Stellungsdivisionen degradiert wurden, konnten

Pferde waren aufgrund der fehlenden Motorisierung des deutschen Heeres für die bewegliche Kriegführung von zentraler Bedeutung, wegen der schlechten Versorgungslage jedoch oft in erschreckendem Zustand. Das Bild zeigt ein Pferdelazarett.

selbst die Mob.-Divisionen jeweils nur die Hälfte ihrer MG und Minenwerfer bespannt mitführen. Somit waren auch diese Divisionen nur eingeschränkt mobil. Der Pferdemangel, der schlechte Zustand der vorhandenen Pferde und die Versorgungsprobleme lassen den Schluss zu, dass trotz aller Bemühungen Ludendorffs die Angriffsdivisionen nicht über die Mobilität verfügten, die sie für die geplante, alles entscheidende Offensive benötigt hätten.

Eine Frage gilt es mit Blick auf die deutsche Offensive noch zu beantworten. Warum setzte die OHL im Gegensatz zur Entente keine ausreichende Zahl von Panzern für den Angriff ein?

Aufseiten der OHL hatte man die Bedeutung der Tanks nicht nur lange unterschätzt, sondern aus strategischen Gründen den Bau von U-Booten für den uneingeschränkten U-Boot-Krieg forciert. Im Hindenburg-Programm war daher der Panzerrüstung eine niedrige Priorität zugewiesen worden. Dies war auch der defensiven Grundausrichtung an der Westfront geschuldet. Eine deutsche Panzerabteilung stellte man daher erst auf, nachdem diese Waffe auf alliierter Seite im September 1916 in Erscheinung getreten war. Der entwickelte schwere Typ A7V wies jedoch Kinderkrankheiten auf, und die Produktion verzögerte sich. Zudem hatte die ungenügende Koordination der Forschungs- und Entwicklungsarbeit zu unzweckmäßigen Parallelkonstruktionen geführt, die wiederum den zielstrebigen materiellen Aufbau einer Panzerwaffe im letzten Kriegsjahr behinderten.

Gegen Ende bestand die deutsche Panzerwaffe in der Mehrzahl aus Beutepanzern, die man dem Feind hatte abnehmen können. Insgesamt standen 1918 den maximal 20 deutschen Panzern des Typs A7V sowie den rund 20 Beutetanks mehr als 3000 alliierte Tanks gegenüber; Deutschland hatte also bei Weitem zu wenige Panzer, selbst für eine lediglich eingeschränkte bewegliche Gefechtsführung. Aber auch Fehleinschätzungen hinsichtlich der Möglichkeiten der Tanks spielten eine Rolle. Am 21. März 1918 kamen daher nur vier A7V, neun andere Panzer aus deutscher Produktion und fünf britische Beutetanks zum Einsatz.

Obwohl Ludendorff dank einer ungeheuren Anstrengung den Angriff mit großem Erfolg vorbereitete, stand das Unternehmen von Anfang an unter einem schlechten Stern. Das Damoklesschwert des Zeitdruckes, die fehlende Mobilität der Truppe, die Personal- und Materialprobleme und das letztlich fehlende strategische Konzept der OHL machten die Offensive zu einem Vabanquespiel mit ungewissem Ausgang. Das wusste auch Ludendorff, der inzwischen gereizt auf seine Umgebung reagierte.

Innerlich war er hin und her gerissen, denn der Taktiker, Operateur und Organisator hatte sich für einen Plan mit strategischer Dimension entschieden. So richtig wohl fühlte er sich dabei allem Anschein nach nicht. Das Dilemma zwischen notwendiger Taktik für den Durchbruch und operativer Umfassung sowie zwingend erforderlichem strategischem Erfolg verunsicherte ihn. Ludendorff sah sich zum ersten Mal in seinem Leben mit der Führung einer strategischen Offensive konfrontiert, die trotz aller Bedeutung des taktischen Durchbruchs für die Operation immer und zuallererst das politische Ziel, sprich: den von ihm propagierten Siegfrieden, erreichen musste. Ludendorff aber dachte,

Sturmpanzerwagen A7V

Maßstab 1:100

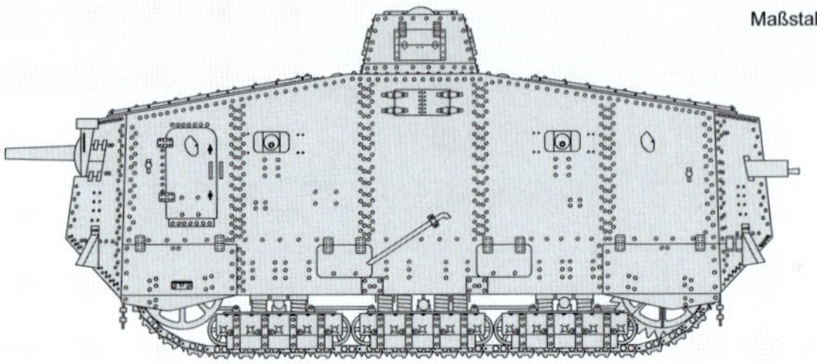

Technische Daten

Besatzung:	18 Mann
Länge:	7,35 m
Breite:	3,06 m
Höhe:	3,35 m
Gewicht:	30 t
Leistung:	2 x 100 PS (2 x 74 kW)
Höchstgeschwindigkeit:	16 km/h (Straße)
Bewaffnung:	1 x 5,7-cm-Schnellfeuerkanone, 6 x 7,92-mm-MG 08, 1 x 7,92-mm-MG 08/15
Produktionszeitraum:	1917/18

Quelle: Sturmpanzerwagen A7V, S. 118.

©ZMSBw 07967-02

wie schon dargestellt, meistens nur militärisch und selten politisch; er besaß außer »Alles oder Nichts« kein politisches Konzept für die letzte Schlacht. Also zog er sich sukzessive auf das zurück, was er beherrschte: Taktik und Organisation.

Rückblickend verriet er ungewollt seine strategische Begrenztheit in seinen Kriegserinnerungen wie folgt:

> Der mittlere Angriff ging scheinbar sehr ins Weite. [...] Drang dieser Stoß durch, so konnte der strategische Erfolg allerdings ein gewaltiger sein, indem wir die Hauptteile des englischen Heeres von dem französischen trennten und sie dann gegen die Küste drängten. Ich wandte mich dem mittleren Angriff zu. Es waren aber die Zeitfrage und die taktischen Erwägungen, die mich dazu veranlassten. [...] Die Taktik war über die reine Strategie zu stellen. Ohne taktischen Erfolg war eine solche nicht zu treiben. Eine Strategie, die nicht an ihn denkt, ist von vornherein zur Erfolglosigkeit verurteilt.

Im Gegensatz zur Entente entwickelten die Deutschen erst sehr spät Panzer. So standen 1918 nur ca. 20 Panzer des Typs A7V den über 3000 gegnerischen Panzern gegenüber.

Die strategische Dimension des Angriffes rückte immer mehr in den Hintergrund. In den entscheidenden Operationsbefehlen für »Michael« fehlt sie fast vollständig. Das fiel auch seiner Umgebung und unbewusst wahrscheinlich selbst Ludendorff auf. Denn als Kronprinz Rupprecht ihn diesbezüglich befragte, gab er verärgert zur Antwort: »Wir hauen ein Loch hinein. Das Weitere findet sich. So haben wir es in Russland auch gemacht.«

Er griff nun den ursprünglich von ihm angedachten und von Wetzell präzisierten Gedanken auf und ließ, obwohl »Michael« der alles entscheidende Angriff sein sollte, für den Fall des Scheiterns mehrere weitere Offensiven gegen die Briten vorbereiten. Die Konzentration auf die Entscheidungsschlacht ging immer mehr verloren – mit ihr verlor er auch die Strategie sowie den Sinn dieser als so entscheidend empfundenen Offensive aus den Augen. Zugleich verschob sich in den Wochen vor Angriffsbeginn immer stärker das operativ-strategische Ziel der Offensive. Das Ziel, die Briten vernichtend zu schlagen, trat zusehends in den Hintergrund, denn Ludendorff war sich nicht mehr sicher, ob dieses Ziel erreichbar sei. Zudem behielt er sich vor, je nach Lageentwicklung den Schwerpunkt im Verlauf der Offensive zu verschieben.

Der Vorschlag von General Oskar von Hutier, Oberbefehlshaber der 18. Armee, seine Divisionen sollten den Flankenschutz des Angriffes gegen die Briten nicht wie geplant defensiv, sondern offensiv gegen die Franzosen durchführen, stieß daher bei ihm keineswegs auf taube Ohren, zumal sich dadurch auch die Möglichkeit böte, mittelfristig Paris zu bedrohen. Ludendorff stellte deshalb auch der 18. Armee zusätzliche Kräfte in Aussicht. Falls der Durchbruch auf ganzer Front wie geplant gelänge, so teilte er wenige Tage vor Beginn von »Michael« beiden Heeresgruppen mit, könne durch eine Verlagerung des Schwerpunktes nach Süden nicht nur die britische, sondern auch die französische Armee geschlagen werden. Dieser weiterführende Ansatz ließ Ludendorff in den nächsten Wochen nicht los.

Ein Paris-Geschütz (Langer Max) wird in seiner Feuerstellung zusammengesetzt. Mit diesen 21-cm-Geschützen wurde aus einer Entfernung von bis zu 130 km im Sommer 1918 Paris beschossen.

Je näher der Angriffstermin rückte, umso mehr machte sich eine gewisse Skepsis innerhalb der militärischen Führung breit. Aus dem anfänglichen Optimismus wurde mehr und mehr Zweckoptimismus, teilweise sogar offener Pessimismus. So schrieb Kronprinz Rupprecht am 20. Januar 1918: »Der Gedanke, dass wir im Frühjahr [...] vermutlich keine Entscheidungsschlacht werden erzwingen können, bedrückt mich; wir brauchen so notwendig eine baldige Beendigung des Krieges!«

Auch im innersten Führungszirkel der OHL wuchsen vor dem Hintergrund, dass diese Offensive die letzte Karte sei, die das Kaiserreich ausspielen könne, die Zweifel, ob sie wirklich den erstrebten Siegfrieden bringen würde. Auch Ludendorff war sich diesbezüglich alles andere als sicher. Gegenüber dem späteren Reichskanzler Max von Baden führte er aus, es gebe keine Gewissheit für den erwünschten großen Erfolg, »man müsse aber an den Sieg glauben«.

Während in der militärischen Führung eher Zweckoptimismus vorherrschte, sehnten die Truppe und die Bevölkerung den letzten Angriff als Friedensoffensive herbei. Skeptische Stimmen in politischen Kreisen und der Gesellschaft wurden von dem propagandistisch unterstütz-

Aufgrund des Pferdemangels und der schlechten Motorisierung wurden immer häufiger Ochsen als Zugtiere für die Artillerie eingesetzt. Dies schränkte die Beweglichkeit enorm ein.

ten Optimismus und der unbedingten Siegeszuversicht übertönt. Das Kaiserreich schwelgte im kollektiven Hochgefühl des bevorstehenden Sieges. Wie die durch Siegesrausch und Patriotismus aus ihren Depressionen aufgrund des Hungerwinters und der Materialschlachten herausgerissenen Menschen des Kaiserreichs aber auf ein Scheitern der Offensive reagieren würden, war eine offene Frage. Ihre Beantwortung sollte weit über das Schicksal des Kaiserreichs hinaus Folgen für Deutschland haben.

↗ Der »Retter« Hindenburg setzt die Gegner schachmatt. Diese deutsche Propaganda-Postkarte symbolisiert die übersteigerten Hoffnungen, die in Hindenburg gesetzt wurden.

Schach! Schach!

4 Der Angriff

> Der Orkan brach los. Ein flammender Vorhang fuhr hoch, von jähem nie gehörtem Aufbrüllen gefolgt. Ein rasender Donner, der auch die schwersten Abschüsse in seinem gewaltigen Rollen verschlang, ließ die Erde erzittern. Das gigantische Vernichtungsgebrüll der unzähligen Geschütze hinter uns war so furchtbar, dass auch die größten der überstandenen Schlachten dagegen als Kinderspiel erschienen. [...] Wir hielten es im Stollen nicht länger aus. Auf Deckung stehend, bewunderten wir die über den englischen Gräben turmhohe Feuerwand, die sich hinter wallenden, blutroten Wolken verschleierte.

Mit diesen Worten beschrieb der Kompanieführer und spätere Schriftsteller Leutnant Ernst Jünger seine Empfindungen, als am 21. März 1918 um 04:40 Uhr die deutsche Artillerie mit 6608 Geschützen und 3534 Minenwerfern die »Große Schlacht« um Frankreich eröffnete. Nur fünf Stunden später ging die Artillerie mit Masse zur Feuerwalze über, während die Infanterie mit 43 Divisionen auf einer Frontbreite von 70 Kilometern mit starker Luftunterstützung zum Angriff antrat.

Zuvor hatte die OHL ein gigantisches Täuschungs- und Transportunternehmen in die Wege geleitet, um die Grundlage für den Angriff – die Überraschung – zu gewährleisten. Der für die Offensive notwendige Ausbau des Verkehrsnetzes, der Unterkünfte, der Gefechtsstände und der Feuerstellungen fand, wenn möglich, bei Nacht oder unter größtmöglicher Geheimhaltung gegen gegnerische Luftaufklärung bei Tag statt. Alle Bewegungen in der Luft und auf dem Boden wurden auf den normalen täglichen Verkehr im rückwärtigen Gebiet beschränkt. Dies traf auch auf den Fernsprech- und Funkverkehr zu. Vom 10. bis 14. März wurde die Munition in die vorderen Stellungen transportiert. Für die Soldaten stand Verpflegung für 16 Tage bereit. Das Futter der Pferde würde für drei Wochen reichen.

Unter strengster Geheimhaltung gingen die Batterien der Artillerie sowie die zum Angriff vorgesehenen Mob.-Divisionen in den Nächten vom 14. bis 18. März in ihre vorbereiteten Feuerstellungen bzw. Bereitstellungsräume. In der Nacht vom 19. auf den 20. März rückten die Angriffsdivisionen dann in ihre Sturmausgangsstellungen ein. Jeder Division war ein Gefechtsstreifen von ca. zwei Kilometern zugewiesen. Darin bezogen 27 leichte und 23 schwere Geschütze, meist Haubitzen, die Minenwerferkompanie der jeweiligen Division sowie ein Minenwerferbataillon ihre Feuerstellungen. Für fünf Tagesraten lag die Munition bereit, davon war eine für den weiteren Vormarsch auf Kolonnen verladen, 1070 Flugzeuge sollten aus der Luft den Angriff unterstützen. Am 21. März um ein Uhr nachts war der Aufmarsch abgeschlossen.

Da Kaiser Wilhelm II. nach dem Vortrag der OHL am 23. Januar 1918 die Offensive genehmigt hatte, erließ Hindenburg am 10. März den Angriffsbefehl. Insgesamt standen der 2., 17. und 18. Armee 76 Divisionen zur Verfügung, um zwischen Arras und La Fère auf 70 Kilometern Breite die Verteidigungsstellungen der britischen 1., 3. und 5. Armee zu durchbrechen. Die Heeresgruppe Kronprinz Rupprecht, bestehend aus vier Armeen mit 85 Infanteriedivisionen, sollte mit der für den Angriff am 1. Februar 1918 extra neu gebildeten 17. Armee, 28 Divisionen unter dem Befehl von General Otto von Below, und der 2. Armee, 22 Divisionen unter dem Befehl von General Georg von der Marwitz, die Briten im Cambraibogen in die Enge treiben, um über Amiens zur Sommemündung vorzustoßen. Die Heeresgruppe Deutscher Kronprinz, vier Armeen mit 61 Infanteriedivisionen, sollte wiederum mit der am

Hindenburg, Ludendorff und die Offiziere der Operationsabteilung der 3. OHL in Kreuznach 1917

27. Dezember 1917 neu gebildeten 18. Armee, 27 Divisionen unter Hutier, südlich von Péronne die linke Flanke des Angriffes offensiv gegen die Franzosen abdecken. Einschließlich der Stellungsdivisionen waren in den frühen Morgenstunden des 21. März daher 39 Divisionen im ersten, 22 im zweiten sowie zehn im dritten Treffen zum Angriff bereit. Fünf Divisionen hielt die OHL als Reserve zurück. Weitere Verstärkungen waren je nach Lageentwicklung denkbar.

Trotz aller Bemühungen zur Geheimhaltung war der Entente der Vormarsch für die Offensive nicht entgangen. Sogar das genaue Datum war bekannt. Dass etwas im Busch war, hatten die Alliierten erstmals Anfang Januar 1918 erkannt, als mit Hutier und Below zwei ausgewiesene Angriffsspezialisten Frontabschnitte vor St. Quentin übernommen hatten. Im Laufe der nächsten Wochen kristallisierte sich die deutsche Absicht mithilfe der Aufklärung und nicht zuletzt auch durch Mitteilungen von Überläufern immer deutlicher heraus. Über die Wucht des

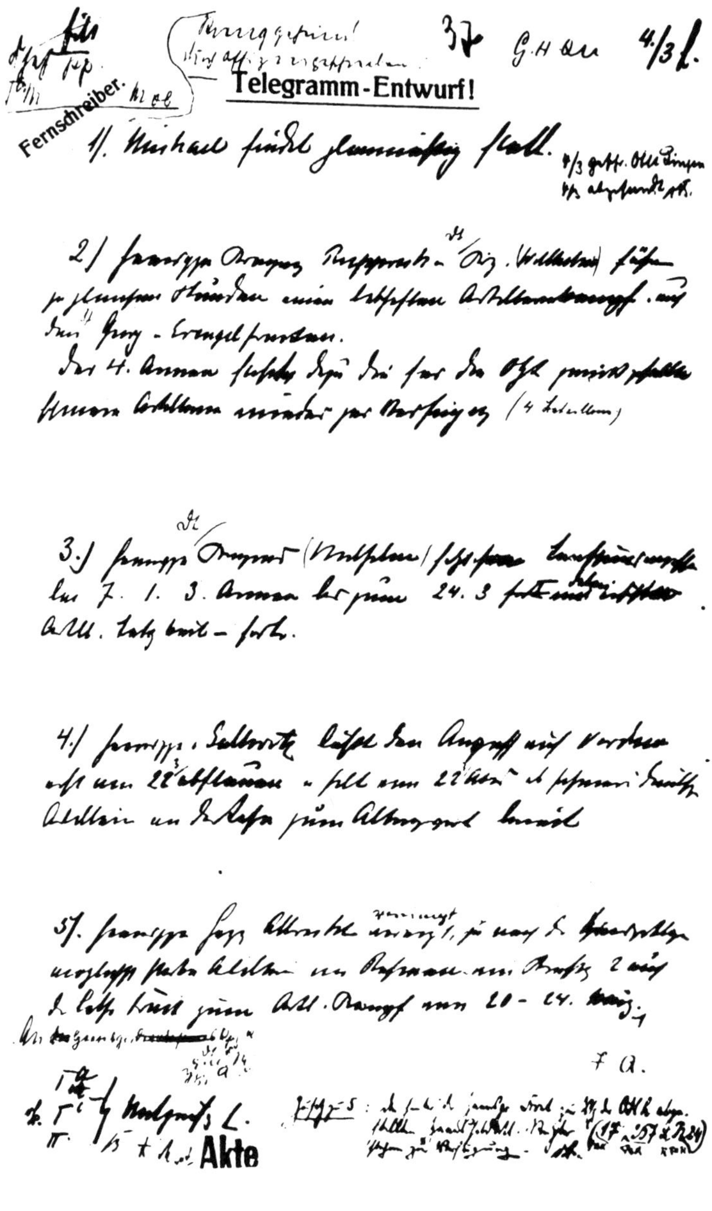
Telegramm-Entwurf!

Fernschreiber.

G.H.Qu. 4/3

1/. Michael findet planmäßig statt.

Akte

»Michael findet planmäßig statt.« Von Ludendorff abgezeichneter Telegrammentwurf an die Heeresgruppe Kronprinz Rupprecht vom 4. März 1918.

Deutsche Soldaten warten auf den Angriff in der Sturmausgangsstellung.

Angriffs war den Briten nichts bekannt. Der Oberbefehlshaber der im Schwerpunkt des Angriffs liegenden britischen 5. Armee, General Sir Hubert de la Poer Gough, war sich der Lage bewusst. »Ich hatte erwartet«, schrieb er am Abend des 20. März nach Hause, »dass morgen Abend ein Bombardement beginnen und sechs oder acht Stunden dauern würde; und dann wird die deutsche Infanterie am Donnerstag, dem 21., eintreffen.« Auch im britischen Hauptquartier sah man dem Angriff gelassen entgegen und fühlte sich ausreichend vorbereitet. In General Haigs Planungen hatte die Verteidigung der für die britischen Streitkräfte in Frankreich existenziellen Kanalhäfen höchste Priorität. Da er es zudem für möglich hielt, dass es einen deutschen Angriff vergleichbar dem von Kuhl vorgeschlagenen »Unternehmen Georg« in Flandern geben könnte, konzentrierte der britische Oberbefehlshaber seine Truppen in Flandern. Folglich hatte die im Schwerpunkt des deutschen Angriffs liegende 5. Armee im Vergleich zur 3. Armee nicht nur einen überlangen Frontabschnitt zu verteidigen, sondern war auch personell schwächer ausgestattet. Vor den deutschen Angriffsdivisionen lagen vor allem die britische 3. Armee unter General Julian Byng, mit dem IV., V., VI. und XVII. Armeekorps, insgesamt 14 Infanteriedivisionen sowie 1120 Geschütze (davon 461 schwere), sowie die britische 5. Armee mit dem III., VII., XVIII., XIX. Armeekorps, insgesamt zwölf Infanterie- und drei Kavalleriedivisionen sowie 1566 (davon 515 schwere) Geschütze.

Das britische Stellungssystem war nach den schweren Kämpfen noch im Ausbau begriffen. Die Zweite Stellung, in der die Verteidigung geführt werden sollte, lag taktisch nicht vollständig günstig im Gelände. Dafür war das Eisenbahnnetz hinter der Front stark ausgebaut worden, sodass Reserven schnell an fast jeden Punkt der Front verlegt werden konnten. Dies traf auch auf das im rückwärtigen französischen Gebiet liegende Eisenbahnnetz zu. Die französischen Stellungen waren zudem besser ausgebaut als die britischen; die französische Führung bewertete ihren Zustand als ausreichend. Sowohl die französische als auch die britische Armee hatten in den vergangenen Monaten das deutsche Verteidigungsverfahren analysiert und in Teilen in ihre eigenen Pläne übernommen. Beide Armeen gingen davon aus, dass sie die vordersten Stellungen nur mit schwachen Kräften zu besetzen hätten und das Gefecht in der Zweiten Stellung, der der deutschen »Großkampfzone« vergleichbaren »Battle Zone«, beweglich würden führen können.

Während der deutschen Frühjahrsoffensive in der Picardie zwischen Arras und La Fère setzt ein deutscher Sturmtrupp seinen Flammenwerfer ein.

Die britischen Soldaten waren also nicht überrascht, als nach verhältnismäßig kurzer Feuervorbereitung aus dem an diesem Tag herrschenden dichten Nebel die deutschen Soldaten vor ihnen auftauchten. Letztere waren nicht nur in der Hoffnung, endlich aus dem nervenzerrüttenden Stellungskrieg herauszukommen und mit dieser alles entscheidenden Schlacht den Frieden zu erzwingen, sondern zugleich auch mit sehr vielfältigen Gefühlen zum Angriff angetreten. Jünger drückt diese Gefühle mit folgenden Worten aus:

> Der große Augenblick war gekommen. Die Feuerwalze rollte über die ersten Gräben hinweg. Wir traten an. In einer Mischung von Gefühlen, hervorgerufen durch Blutdurst, Wut und Trunkenheit, gingen wir im Schritt schwerfällig, doch unaufhaltbar auf die feindlichen Linien los.

Die Witterungsbedingungen boten den Angreifern zwar Schutz, zugleich ging im Verlauf des Tages jedoch immer wieder der Anschluss an den Nachbarn verloren. Zusammen mit dem schwierigen Gelände, in dem schon 1916 schwere Kämpfe getobt hatten, erschwerte der Nebel aber auch das Nachführen der Begleitbatterien. Am Ende des Tages hatten die deutschen Mob.-Divisionen zwar die gegnerische »Forward Zone« (Vorfeldzone) genommen, waren aber im Schwerpunkt bei der 2. und 17. Armee in der britischen Hauptkampfzone nach ca. 4,5 Kilometern liegengeblieben. Immerhin war die 18. Armee an einigen Stellen fast durch die feindlichen Linien gebrochen. Das angestrebte Tagesziel, das gegnerische Stellungssystem in einer Tiefe von acht Kilometern zu durchbrechen und die feindlichen Artilleriestellungen zu erobern, war aber nicht erreicht worden. Ludendorff war unzufrieden. »Stimmung flau« – so beschrieb Admiral Georg Alexander von Müller die Stimmung an der kaiserlichen Frühstückstafel im Großen Hauptquartier am Morgen des 22. März. Die Worte, die OHL habe es mit ihrem Optimismus wohl übertrieben, machten die Runde.

Nur zwei Tage später herrschte aber plötzlich Optimismus in der kaiserlichen Umgebung. Auf dem Rückweg von der Front rief der Kaiser der Stabswache des Großen Hauptquartiers (GrHQ) zu: »Die Schlacht ist gewonnen, die Engländer total geschlagen.« Die nächsten Tage schwebte das Große Hauptquartier auf einer Wolke der Euphorie. Im Überschwang des nahenden Sieges erklärte Wilhelm II.: »Wenn ein englischer Parlamentär komme, um den Frieden zu erbitten, so müsse er erst vor der Kaiserstandarte knien, denn es handele sich um einen Sieg der Monarchie über die Demokratie.« Langsam, aber merklich trübte sich jedoch die Stimmung ein – und abends gab es keinen Sekt mehr. Was war geschehen?

Nach den schweren Kämpfen des ersten Tages durchbrachen die 2. und die 18. Armee am folgenden Tag das britische Stellungssystem. Die 18. Armee erreichte an diesem Tag bereits ihr Angriffsziel: die Somme und den Crozatkanal. Sogar erste Brückenköpfe über den Kanal waren gewonnen worden. Vor der Front der 2. Armee zogen sich die Briten zurück. Die Spitzen der deutschen Armee standen nun bei Marquaix. Am Ende des Tages hatte allein die 2. Armee 10 000 Gefangene gemacht und 200 Geschütze erbeutet. Doch während im Süden und in der Mitte der Front Fortschritte erzielt worden waren, kam die im Schwerpunkt

Unter großen Mühen führt deutsche Artillerie einen Stellungswechsel in dem zerstörten britischen Stellungssystem durch.

angreifende 17. Armee nur langsam vorwärts. Am 23. März räumte die fast völlig zerschlagene britische 5. Armee das Feld. Der Durchbruch durch die feindlichen Linien war geglückt. Die Armeen meldeten über 40 000 Gefangene und fast 400 erbeutete Geschütze. Ludendorff hielt die Schlacht für gewonnen.

Der Angriff hatte aber zugleich seinen kritischen Punkt erreicht. Die Taktik hatte den Durchbruch erzwungen. Nun musste sich Ludendorff als strategisch denkender Feldherr erweisen – und er versagte. Anstatt die im Schwerpunkt nur langsam vorankommende 17. Armee durch einen Angriff der 2. Armee nach Nordwesten zu unterstützen, um wie geplant die Engländer von den Franzosen zu isolieren und »ins Meer zu werfen«, griff er den schon dargelegten Gedanken auf, durch einen weitergeführten Angriff der 18. Armee im Süden auch die Franzosen zu schlagen. Also führte er in den nächsten Tagen die Reserven der 18. Armee zu, womit er den Operationsplan entscheidend änderte. Engländer und Franzosen sollten nun gleichzeitig angegriffen werden. Die 17. Armee behielt ihre Angriffsrichtung bei, während die 2. Armee beiderseits

Die völlig verwüstete Landschaft behinderte die mit Pferdekarren ausgerüsteten Nachschubkolonnen erheblich. Dieses Bild zeigt den Rückstau der Kolonnen in dem zerstörten Dorf Miraumont.

Zensiert
Paul Hoffmann & Co.
Berlin-Schöneberg.

der Somme nach Südwesten vorrückte und die 18. Armee, ursprünglich ausschließlich zum Flankenschutz eingesetzt, im neuen Schwerpunkt nach Süden gegen die Franzosen angriff. Somit lief die Angriffsrichtung nicht gebündelt nach Nordwesten, sondern strahlenförmig auseinander. Die klare Schwerpunktbildung wurde aufgegeben, die Strategie der Taktik untergeordnet. Trotzdem gerieten die britischen und die ebenfalls mittlerweile in die Kämpfe involvierten französischen Verbände unter starken Druck.

Inzwischen hatte die Entente aus der für sie äußerst kritischen Lage Konsequenzen gezogen. Das anfänglich herrschende Misstrauen, Pétain verlange von den Briten, mehr Widerstand zu leisten, während Haig den Franzosen vorwarf, sie würden sich nach Süden absetzen, wurde schließlich angesichts der deutschen Erfolge überwunden. Es herrschte nun Einvernehmen darüber, dass die von den Deutschen angestrebte Trennung der Armeen die Niederlage bedeuten würde. So einigte man sich in höchster Not am 26. März auf der Konferenz von Doullens auf ein gemeinsames Oberkommando unter General Ferdinand Foch. Dieser führte zugleich französische Reserven heran und erklärte unmissverständlich: »Wir müssen vor Amiens kämpfen, wir müssen da kämpfen, wo wir jetzt stehen. Da wir nicht im Stande waren, die Deutschen an der Somme aufzuhalten, dürfen wir jetzt nicht einen einzigen Schritt mehr zurückgehen.«

Am 27. März erreichte die Schlacht ihren Höhepunkt. Der Angriff geriet ins Stocken. Besonders die 17. Armee kam Amiens kaum noch näher. Der Versuch, mit einer Attacke (»Mars«) dem Angriff der 17. Armee neuen Schwung zu geben, scheiterte ebenso wie der Vorstoß auf den so wichtigen Verkehrsknotenpunkt Amiens. Die Briten hielten ihre Stellungen. Da weitere Reserven fehlten und der Widerstand der Alliierten immer stärker wurde, schlug Wetzell am 28. März vor, den Angriff zu stoppen. Erst als auch der letzte Versuch, Amiens zu erobern, gescheitert war, stellte Ludendorff die Offensive schließlich am 5. April ein.

Wer war nun als Sieger aus dieser Schlacht hervorgegangen? Die britische 5. Armee war fast vernichtet; 20 französische und 40 britische Divisionen waren für längere Zeit in ihrer Kampfkraft erheblich geschwächt worden. Fast 90 000 alliierte Soldaten waren in Gefangenschaft geraten und ca. 1300 Geschütze erobert worden. Zudem war es erstmals im Ersten Weltkrieg gelungen, in ein feindliches Stellungssystem bis zu einer Tiefe von ca. 60 Kilometern vorzustoßen und große Geländegewinne zu erzielen.

Die temporären taktischen Erfolge waren jedoch teuer erkauft worden. Die Zahl der Verwundeten und Gefallenen war außerordentlich hoch. Einzelne Divisionen der 17. Armee verloren gar ein Drittel ihres Bestandes. Außergewöhnlich waren besonders die hohen Verluste an gefallenen Offizieren, da diese ›von vorne‹ führten. Ihre Quote war doppelt so hoch wie die der Mannschaften. Insgesamt verloren die deutschen Truppen fast 240 000 Mann. Einen vergleichbaren Blutzoll hatte die deutsche Armee nur in den ersten Kriegswochen 1914 entrichten müssen. Die hohen Gefechtsverluste, besonders an qualifiziertem Führungspersonal, konnten bis zum Kriegsende nicht mehr ausgeglichen werden. Gleiches galt für die Verluste an Pferden und Material. Viele der eingesetzten Mob.-Divisionen hatten durch die schweren personellen und materiellen Verluste erheblich an Kampfkraft eingebüßt.

Auch die Entente hatte erhebliche Einbußen hinnehmen müssen.

Schlachtfeldtourismus: Deutsche Soldaten bei der Besichtigung eines im Verlauf der deutschen Offensive zerstörten britischen Tanks

Das Gefühl, am Rande der Niederlage zu stehen, hatte aber alle Ressentiments zwischen den Verbündeten in den Hintergrund treten lassen und endlich ein handlungsfähiges einheitliches Oberkommando bewirkt. Im Gegensatz zu den Deutschen hatten die Alliierten zwar eine schwere taktische Niederlage erlitten, aber einen großen strategischen Erfolg erzielt, denn das geplante strategische Ziel des Angriffs, den Siegfrieden herbeizuführen, hatte das Deutsche Reich verfehlt. Wie Ludendorff unbewusst schon vorher geahnt hatte, war ein Loch in die Front geschlagen und ein Sack gebildet worden. Nicht mehr – aber auch nicht weniger. Doch Monat für Monat landeten nun ab April über 200 000 amerikanische Soldaten in Frankreich. Die Uhr tickte – und das für das Kaiserreich günstige Zeitfenster schloss sich unerbittlich.

Das deutsche Heer errang während der Offensive mit dem neuen Angriffsverfahren zwar zeitweilig große taktische Erfolge, ohne Tanks und mit nur wenigen Lastkraftwagen ausgestattet war es aber nicht in der Lage, den taktischen zu einem operativen Durchbruch zu erweitern. Überdies traten trotz der Ausbildungsoffensive Ludendorffs während der Offensiven schwere Mängel zutage. Gerade den jungen Unterführern fehlte es sowohl an Erfahrung im Führen mit Auftrag als auch an einer hinreichenden taktischen Grundausbildung im Angriff, da sie bis dato nur die Verteidigung kannten. So riss immer wieder die Verbindung zwischen Infanterie und Feuerwalze, die Artillerie konnte durch das von ihr selbst zerschossene Gelände nicht rechtzeitig nachgeführt werden, und die Infanterie griff noch zu oft in Schützenlinien oder in dichten Haufen an. Diese Schwächen konnte Ludendorff trotz intensiver Bemühungen auch für die nächsten Angriffe nicht völlig ausgleichen.

Nach dem Scheitern dieser Offensive hätte Ludendorff die Konsequenzen ziehen und um seine Entlassung bitten müssen. Er tat es nicht. Stattdessen verstieg er sich in die Hoffnung, durch weitere Schläge die Entente niederzukämpfen. Die »Große Schlacht um Frankreich« sollte nun durch eine Kette von Angriffsschlägen ergänzt werden, um dann endgültig zum Sieg zu führen, denn noch besaß die OHL die Initiative.

Ludendorff befahl daher, bereits im April in Flandern das Unternehmen »Georgette« durchzuführen, um die Briten dort vernichtend zu treffen. Am 9. und 10. April griffen die 6. und 4. Armee mit 29 Divisionen, davon nur 19 Mob.-Divisionen, und 2210 Geschützen zwischen

Die deutsche Offensive 21.3.–17.7.1918

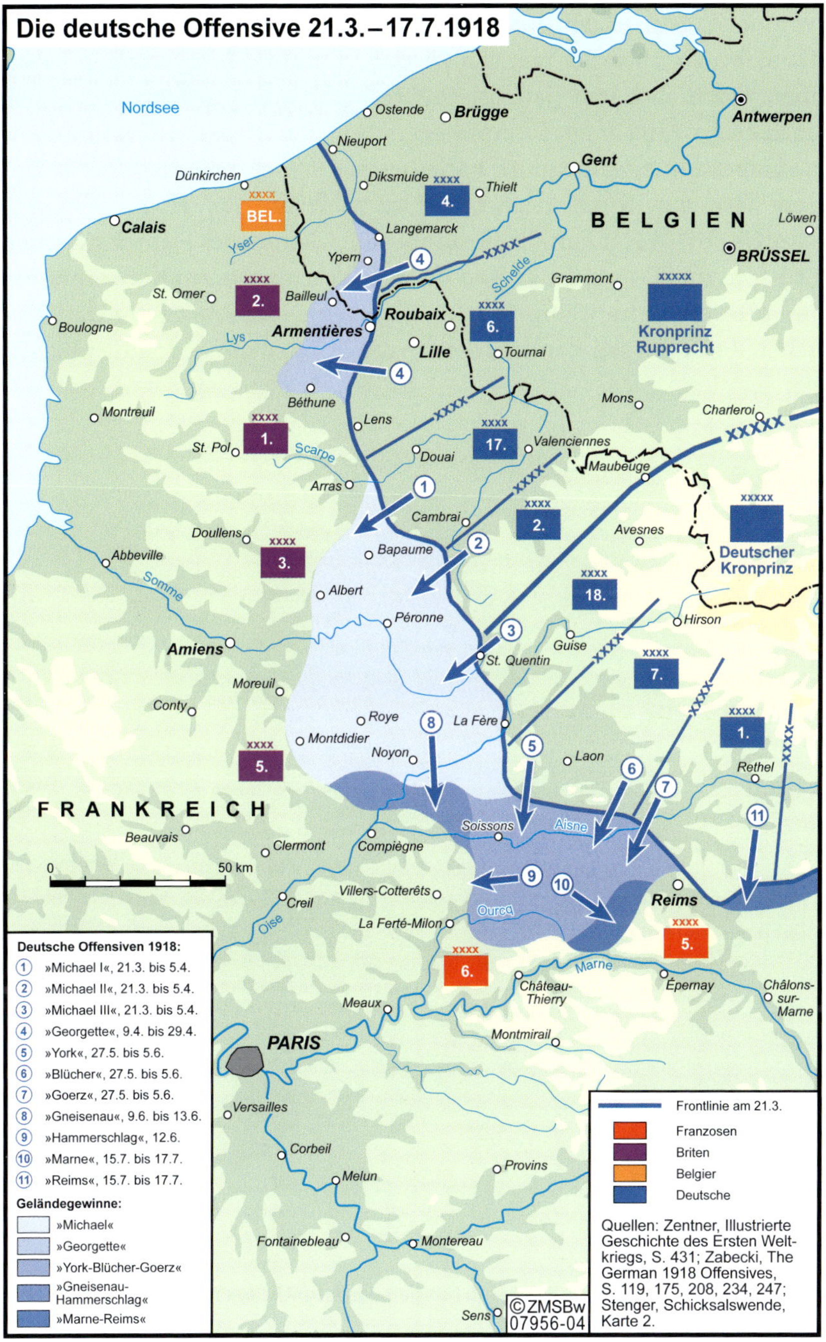

Armentières und dem La-Besse-Kanal an. Erneut gelang ihnen der Durchbruch, auch der taktisch wichtige Kemmel-Berg wurde genommen. Doch nachdem französische Reserven eingetroffen waren, blieb auch dieser Angriff am 29. April liegen.

Unbeirrt hielt Ludendorff nach diesen Rückschlägen an seinem Konzept fest, die Briten vernichtend zu schlagen. Vor einem erneuten Großangriff in Flandern wollte er aber am Chemin des Dames zwischen Soissons und Reims die Franzosen angreifen, um sie zur Konzentration ihrer Reserven im Raum Paris zu zwingen. Nach Abzug der französischen Reserven aus Flandern sollten die Briten dann endgültig geschlagen werden.

27. Mai 1918: Infanteristen gehen am Morgen des Angriffstags der Offensive »Blücher« am Ailette-Kanal in Bereitstellung.

Am 27. Mai griffen die 1. und die 7. Armee mit 35 Divisionen und 5263 Geschützen (davon 1631 schweren) am Chemin des Dames an (»Blücher-Goerz-Angriff«). 27 der eingesetzten Divisionen waren schon an der »Michael-Offensive« beteiligt gewesen. Innerhalb kürzester Zeit brach die französische Front zusammen. Der in dieser Dimension auch für die OHL völlig unerwartete Erfolg verleitete Ludendorff erneut dazu, die Taktik über die Strategie zu stellen und den Angriff bis zur Marne zu führen, anstatt nach erfolgtem Durchbruch und Bindung der französischen Reserven an der Vesle die deutschen Angriffsdivisionen nach Flandern zu verlegen, um die Briten zu schlagen.

Aus den Kämpfen zwischen Montdidier und Noyon. Maschinengewehre werden in einem zerschossenen Haus in Stellung gebracht.

Mit Hilfe amerikanischer Truppen gelang es der Entente deshalb Ende Mai, die Offensive zu stoppen. Die deutschen Truppen standen nun in einem weiten Bogen zwischen Reims, der Marne und den Wäldern von Villers-Cotterêts und waren in ihren Flanken von Gegenangriffen bedroht. Die OHL entschied daraufhin, Reims beidseitig umfassend anzugreifen, um diese Flankenbedrohung zu beseitigen und um die Franzosen zum Einsatz ihrer letzten Reserven zu zwingen. Nach Erfolg des Unternehmens »Marneschutz-Reims« plante Ludendorff einen erneuten, »alles entscheidenden« Angriff in Flandern.

Als am 15. Juli 50 deutsche Divisionen zur Offensive antraten, trafen sie allerdings auf einen vorbereiteten Gegner. Die Franzosen hatten den Angriff rechtzeitig durchschaut und ihre Verteidigung im rückwärtigen Teil des Stellungssystems konzentriert, sodass sowohl die Überraschung als auch der Durchbruch misslangen. Schon nach drei Tagen stellte Ludendorff daher den Angriff ein. Es sollte der letzte größere Angriff deutscher Truppen in diesem Krieg gewesen sein. Zum ersten Mal war das deutsche Angriffsverfahren nicht nur operativ, sondern auch taktisch gescheitert. Das Kaiserreich hatte endgültig die Initiative verloren.

Schon vor dem Scheitern des deutschen Vorstoßes am 15. Juli 1918 beiderseits von Reims hatte die Entente einen Gegenangriff aus den Wäldern von Villers-Cotterêts in die tiefe, offene Flanke des Marnebogens zwischen der Aisne und der Marne vorbereitet. Obwohl der alliierte Truppenaufmarsch der OHL nicht verborgen geblieben war, hatte Ludendorff nach dem Scheitern der deutschen Offensive die Verlegung der Artillerie nach Flandern eingeleitet, um mit der Heeresgruppe Kronprinz Rupprecht dort erneut anzugreifen.

Der alliierten Seite hatten die letzten Monate nicht nur Niederlagen gebracht. Der einheitliche Oberbefehl hatte die interne Koordination erheblich verbessert. Zugleich hatte man das deutsche Angriffsverfahren gründlich ausgewertet und, wie der Erfolg vor Reims zeigt, die richtigen Abwehrmaßnahmen ergriffen. Während sie die mangelnde Mobilität der deutschen Truppen in ihre Verteidigungskonzeptionen einbezogen, koppelten sie das Element der Überraschung in der Offensive mit einem konzentrierten Masseneinsatz ihrer Panzer.

Am 18. Juli 1918 traten 20 französische und drei amerikanische Divisionen mit über 2100 Geschützen und 1100 Flugzeugen ohne größere Artillerievorbereitung, aber mit Unterstützung von 400 Tanks aus den Wäldern von Villers-Cotterêts zum Angriff an. Die »Große Schlacht um Frankreich« hatte ihren Kulminationspunkt erreicht.

Die abgekämpften deutschen Divisionen konnten den Angriff nicht aufhalten. Es bestand die Gefahr, dass die südlich der Aisne eingesetzten deutschen Divisionen eingeschnürt werden würden. Ludendorff stoppte daher sofort den Abtransport der Artillerie nach Flandern und holte Reserven heran. Unter dem Druck der Ereignisse gab er am 20. Juli endgültig die Pläne für einen weiteren Angriff in Flandern auf. Den Vorschlag General Fritz von Loßbergs, auf die Linie Aisne–Vesle zurückzugehen, lehnte er aus politischen Gründen entschieden ab, da er befürchtete, bei der Bevölkerung und den Verbündeten sein Ansehen zu verlieren. Als die Lage jedoch immer bedrohlicher wurde, befahl er am 26. Juli 1918 den Rückzug auf die Aisne–Vesle-Linie. Damit waren

Typisches Gruppenbild deutscher Soldaten vor der Offensive Marneschutz-Reims vom 15. Juli 1918

die deutschen Truppen fast wieder auf ihre Ausgangsstellungen vom Mai 1918 zurückgekehrt. Ludendorffs Offensive war fehlgeschlagen. Die Entente hatte das Heft des Handelns endgültig an sich gerissen.

Die Bilanz der deutschen Offensiven war ernüchternd. Bis zum 15. Juli 1918, dem Beginn des Unternehmens »Marneschutz-Reims«, hatten die deutschen Armeen in mehreren aufeinanderfolgenden »Hammerschlägen« große taktische Erfolge an der Westfront errungen und zum ersten Mal seit Beginn des Stellungskrieges Ende 1914 ein gegnerisches Verteidigungssystem durchbrochen. Aber die vordergründigen Erfolge erwiesen sich als Pyrrhussiege. Die deutschen Divisionen lagen in großen Frontausbuchtungen mit langen, offenen Flanken in unausgebauten Stellungen, die die Entente zu Gegenangriffen einluden. Es war nur ein taktischer, aber kein strategischer Erfolg erzielt worden. Dieser brachte allerdings nicht den erwünschten Siegfrieden, sondern lediglich Verluste.

Seit Angriffsbeginn bis Juli 1918 hatten die Deutschen durch Tod, Verwundung, Gefangennahme und Krankheit ca. 1 Million Mann – davon allein 425 000 Gefallene – verloren. Besonders davon betroffen waren die Mob.-Divisionen. Die hohen Verluste hatten die Kopfstärke der deutschen Bataillone von 807 auf ca. 650 Mann absinken lassen. Die 200 deutschen Divisionen an der Westfront konnten so nur noch die Leistung von etwa 160 regulären Divisionen erbringen. 10 Divisionen mussten wegen Ersatzmangels schon im Frühsommer aufgelöst werden. Aufgrund der schlechten Ersatzlage konnte die OHL diese Verluste an jungen, gut ausgebildeten Soldaten nicht ausgleichen. Zudem waren viele Soldaten durch eine schwere Grippeepidemie geschwächt. Überproportional waren besonders die Verluste der Bataillonskommandeure, Kompaniechefs und Zugführer angestiegen, »auf die nach allgemeinem Urteil die für die Kohäsion der Truppe entscheidende moralische Autorität übergegangen war«.

Die wegen des Pferde- und Lastkraftwagenmangels schon zu Beginn der Offensive niedrige Beweglichkeit des deutschen Heeres ging durch die hohen Pferdeverluste noch weiter zurück. Erschwerend kam für die deutsche Seite hinzu, dass sie seit Angriffsbeginn die materielle und personelle Überlegenheit des Gegners durch schnelle Umgruppierun-

Abtransport deutscher Verwundeter mit der Bahn in die Heimat

gen und Schwerpunktbildungen ausgeglichen hatte. Dies war wegen der hohen Verluste dieser Eliteverbände und des zurückgehenden Mobilisierungsgrades in Zukunft nur noch eingeschränkt möglich. Die deutschen Armeen hatten sich zu Tode gesiegt. Größere Offensiven waren mit diesen Truppen nicht mehr möglich. Ob die Truppe weiteren Angriffen der Entente standhalten würde, war nach den Verlusten der vergangenen Wochen mehr als fraglich.

Warum war die Offensive gescheitert? Die schon während der Planungsphase erkennbar mangelnde Konzentration der OHL auf den strategischen Erfolg setzte sich im Verlauf der Geschehnisse fort. Ludendorff stellte die Taktik über die Strategie und ließ die Michael-Offensive durch die Verschiebung des Schwerpunktes strahlenförmig auseinanderlaufen. Die für den Sieg zwingend notwendige klare Schwerpunktbildung war somit nicht vorhanden. Neben Führungsfehlern der OHL sowie der stetig wachsenden personellen und materiellen Überlegenheit der Entente trug der schlechte Motorisierungsgrad der deutschen Armeen wesentlich zum Scheitern der Offensiven bei. Ohne Tanks und mit nur wenigen Lastkraftwagen ausgestattet, waren die von ihrer Führung überforderten deutschen Truppen nicht in der Lage, den taktischen Durchbruch durch ein feindliches Stellungssystem zu einem operativen Durchbruch zu erweitern. So gelang es der Entente, den Zusammenhang ihrer Front zu wahren und die Angriffe abzufangen.

Seit Beginn der Planungen für die »Große Schlacht um Frankreich« war allen Beteiligten in der OHL klar gewesen, dass die strategische Basis für die deutsche Offensive sehr schmal war. Denn um die Entente zur Annahme des für den westlichen Kriegsschauplatz modifizierten Diktatfriedens von Brest-Litowsk zu zwingen, mussten die deutschen Armeen in nur drei bis vier Monaten das feindliche Stellungssystem durchbrechen und in einem operativen Bewegungskrieg den alliierten Armeen eine vernichtende Niederlage zufügen, bevor die amerikanischen Verstärkungen wirksam werden konnten. Der Zeitdruck, die wachsende personelle wie materielle Überlegenheit der Entente und die mangelnde Mobilität der deutschen Armeen machten die Offensive von Anfang an zu einem gefährlichen Spiel, bei dem der kleinste Fehler die endgültige deutsche Niederlage herbeiführen musste.

Die Fixierung Ludendorffs auf den Siegfrieden hatte ihn dazu bewogen, trotz aller Risiken, die Offensive einer strategischen Defensive

Angehörige des Rheinischen Reserve-Infanterieregiments 258 am Grabe eines gefallenen Kameraden auf dem Friedhof von Bouillonville

vorzuziehen und mit dem Schicksal des Kaiserreichs Hasard zu spielen. Die Chance, durch eine strategische Defensive einen größeren politischen und militärischen Handlungsspielraum zu gewinnen, konnte und wollte er nicht erkennen. Spätestens nach dem Scheitern der Michael-Offensive hätte er aber einsehen müssen, dass ein entscheidender Sieg über die alliierten Armeen nicht möglich war. Ludendorff verdrängte allerdings auch diese Erkenntnis. Zu einer rationalen militärischen Lagebeurteilung war er nicht mehr imstande. Gefangen in der Vorstellung, dass es für Deutschland nur die Alternative Sieg oder Untergang gebe, griff er weiter an. Die folgenden Offensiven waren jedoch nur noch wahllose Hammerschläge eines Boxers, der – die Niederlage vor Augen – nicht aufgeben will.

↗ **Australische Soldaten bestaunen einen am 8. August erbeuteten deutschen Mörser. Im Verlauf dieser Schlacht verloren die deutschen Truppen einen großen Teil ihrer Artillerie.**

5 Der »schwarze Tag«

Noch während die französische Gegenoffensive bei Soissons andauerte, lud Foch die Oberbefehlshaber der britischen, der französischen sowie der amerikanischen Truppen für den 24. Juli 1918 in sein Hauptquartier im Château de Bombon südöstlich von Paris ein, um das weitere Vorgehen zu besprechen. Nach einer ausgiebigen Lagebeurteilung waren sich Haig, Pétain, Pershing und Foch darin einig, dass sich das Blatt zugunsten der Entente gewendet hatte. Während die Deutschen in den letzten Kämpfen über ein Drittel ihrer Reserven verbraucht hätten, habe sich die materielle sowie personelle Lage aufseiten der Alliierten deutlich gebessert. Alle Armeen seien wieder angriffsfähig. Besonders der amerikanische Truppenzuwachs stimmte die Generale hoffnungsfroh: Mittlerweile standen über eine Million amerikanischer Soldaten in Frankreich, ca. 200 000 kamen monatlich hinzu. Die meisten Divisionen der American Expeditionary Forces waren gut ausgestattet und hatten mittlerweile einen respektablen Ausbildungsstand erreicht, wie die Teilnahme dreier amerikanischer Divisionen an der noch laufenden Offensive zeigte.

General Philippe Pétain, General Sir Douglas Haig, Marschall Ferdinand Foch, General John J. Pershing im Château Bombon, Juli 1918

Es sei nun an der Zeit, fand Foch, zur Offensive überzugehen, um die deutschen Truppen durch ununterbrochene Angriffe zu zermürben und zurückzudrängen. Dazu plante er in einem ersten Schritt, die für die weitere Offensive wichtigen Eisenbahnverbindungen Paris–Nancy sowie Paris–Amiens freizukämpfen, um anschließend durch einen Angriff in Flandern die Bedrohung der Kanalhäfen und des Grubengebietes von Béthune zu beseitigen.

Im weiteren Verlauf der Besprechung wurden die Amerikaner mit einer Offensive bei St. Mihiel beauftragt, während die britische Armee mit französischer Unterstützung die Operation bei Amiens so schnell wie möglich durchführen sollte. Auf britischer Seite hatte es schon im Vorfeld Überlegungen für einen Angriff im Raum des zentralen Eisenbahnknotenpunktes Amiens gegeben. Im Rahmen einiger Gegenstöße hatte die britische 4. Armee aufgeklärt, dass die deutschen Stellungen in diesem Frontabschnitt nicht gut ausgebaut waren; auch waren die schwachen deutschen Stellungstruppen der 2. und 18. Armee keine gefährlichen Gegner. Zudem eignete sich das Gelände gut für Tankangriffe, wie die bisherigen Kampfhandlungen gezeigt hatten. Vor diesem Hintergrund hatte Foch den Oberbefehlshabern der britischen 4. Armee, General Henry Rawlinson, und der französischen 1. Armee, General Marie-Eugène Debeney, schon am 20. Juli 1918 die Ausarbeitung eines gemeinsamen Operationsplans für einen Angriff in diesem Raum befohlen.

Im weiteren Verlauf der Planungen erweiterte Foch den Angriffsraum von der Ancre bis an die Oise und befahl auch der französischen 3. Armee, an der Offensive teilzunehmen. Der Angriff sollte jedoch nicht gleichzeitig, sondern von Norden nach Süden leicht zeitversetzt beginnen. Aus einer ursprünglich zur Entlastung von Amiens geplanten lokalen Offensive war eine Großoffensive geworden, die das komplette deutsche Stellungssystem in diesem Raum aufbrechen sollte, um gegebenenfalls sogar den Rücken der Aisne/Vesle-Stellung der deutschen 7. Armee zu bedrohen.

Unter strengster Geheimhaltung begannen die Vorbereitungen für die Schlacht. Die für die Offensive vorgesehenen Divisionen wurden personell und materiell aufgestockt. Die britischen Divisionen verfügten nun durchschnittlich über 7000 Infanteristen. Zugleich wurde die Aufklärung intensiviert. Dank ihrer Luftüberlegenheit hatte sich die Entente zu Beginn der Schlacht ein klares Lagebild der deutschen Stellungen machen können. Die Briten zogen 2070 Geschütze aller Kaliber für den Angriff zusammen. Angelehnt an das deutsche Schießverfahren hatte sich die Masse der schweren Artillerie auf die gegnerischen Artil-

Angriffspläne der Entente 24. Juli 1918

Quelle: Der Weltkrieg 1914–1918, Bd. 14, Beilage 23 und 32.

leriestellungen zu konzentrieren, während Feldartilleriebatterien die Infanterie im Angriff begleiten sollten. Zudem standen ca. 800 Flugzeuge zur Verfügung.

Die Franzosen machten mit ihrer 1. und 3. Armee insgesamt 15 Infanterie- und drei Kavalleriedivisionen mit über 1000 Artilleriegeschützen und ca. 1000 Flugzeugen auf einer Frontlänge von ca. 34 Kilometern zum Angriff bereit. Im Verlauf der Schlacht wurden sie jedoch mit dem Flankenschutz betraut. Den Hauptstoß gegen die Stellungen der deutschen 2. Armee sollte auf einem eher schmalen Gefechtsstreifen von ca. 18 Kilometern die britische 4. Armee führen. Dafür standen ihr das britische III. Armeekorps mit vier Divisionen, das australische Armeekorps mit fünf Divisionen und das kanadische Armeekorps mit vier Divisionen sowie eine amerikanische Division zur Verfügung. Drei Kavalleriedivisionen lagen in Reserve, die nach Eroberung der ersten deutschen Verteidigungsstellungen über die eigenen angreifenden Infanteristen hinweg in die Tiefe des deutschen Verteidigungsraums vorstoßen sollten. Die Speerspitze des Angriffes bildeten die australischen und kanadischen Divisionen, aus deutscher Sicht gute bis sehr gute Angriffsverbände. Von entscheidender Bedeutung für den Angriffsplan war auf britischer Seite die Tankwaffe. Insgesamt dreizehn Tank-Bataillone mit ca. 414 Kampf- und 95 Versorgungstanks sollten in einem Massenangriff die deutschen Stellungen durchbrechen und der Infanterie den Weg bahnen.

Ebenso wie die Deutschen zuvor setzten die Alliierten auf den Faktor Überraschung. Daher war kein tagelanges Artillerievorbereitungsfeuer vorgesehen, sondern Infanterie und Tanks sollten nach einem kurzen, heftigen Artillerieschlag der Feuerwalze sofort folgen und angreifen. In der ersten Phase des Angriffes war die »Amiens Outer Defences Line« von Méricourt über Harbonnières, Caix, Quesnel und Hangest zu erreichen und gegen deutsche Gegenangriffe zu sichern. Als Angriffsziel wurde für die britische 4. und die französische 1. Armee die Linie Roye–Chaulnes festgelegt.

Die den Ententetruppen gegenüberliegenden deutschen Armeen – die 2. unter General Georg von der Marwitz mit 14 Divisionen und die 18. unter General Oskar von Hutier mit 16 Divisionen – ahnten nichts von dem bevorstehenden Großangriff. Die seit Monaten gleichbleibende britische Gefechtstätigkeit deutete keineswegs auf eine alliierte

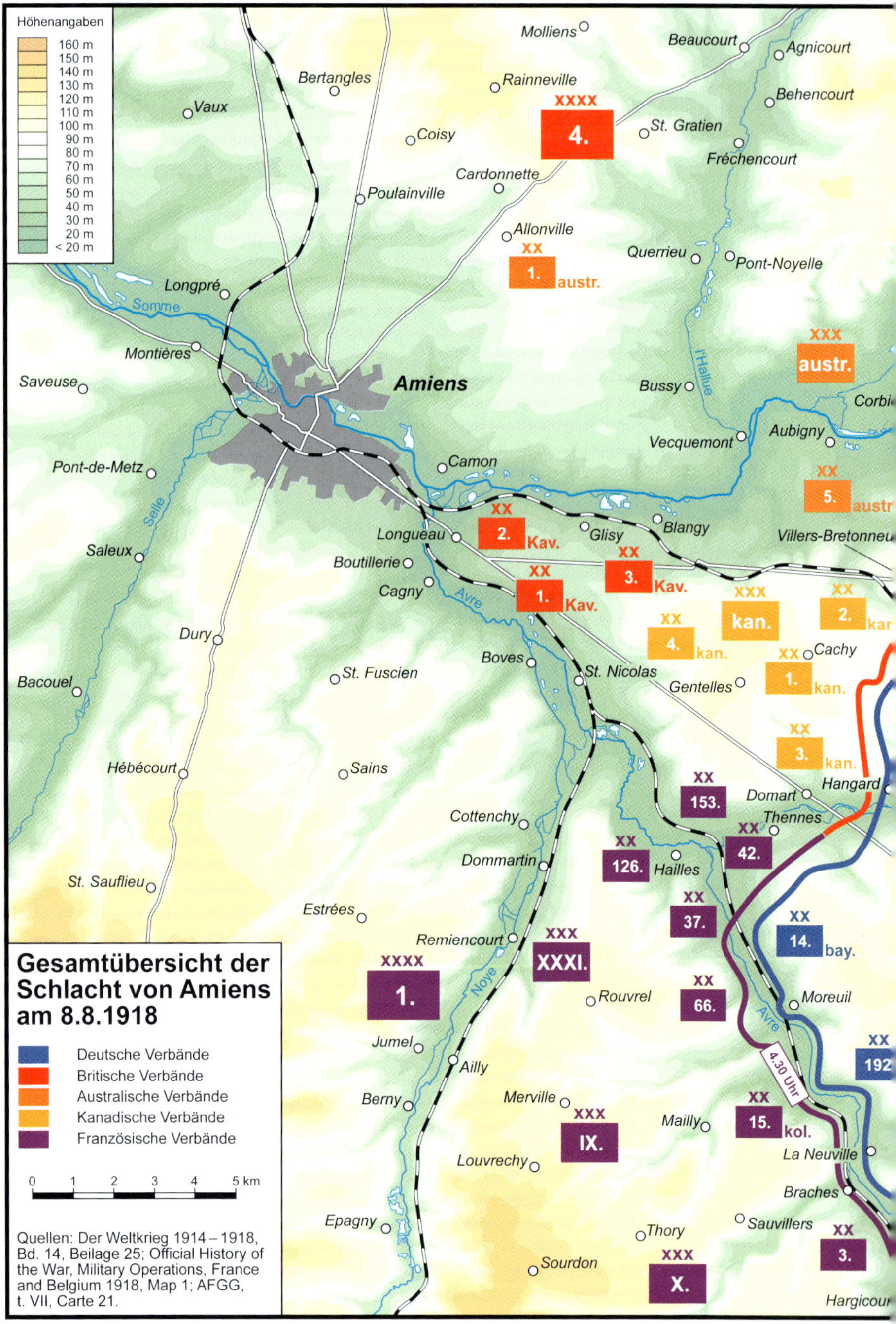

Gesamtübersicht der Schlacht von Amiens am 8.8.1918

Quellen: Der Weltkrieg 1914 – 1918, Bd. 14, Beilage 25; Official History of the War, Military Operations, France and Belgium 1918, Map 1; AFGG, t. VII, Carte 21.

Albert
Baizieux
Laviéville
Bresle
XX
47.
XXX
III.
Dernancourt
Méaulte
Fricourt
Marmetz
Montauban
Carnoy
Maricourt
XX
243.
XX
54. R.
XX
12.
Ribémont
Heilly
Ancre
Ville-sur-Ancre
Méricourt
Morlancourt
XX
18.
XX
27.
XXX
54
GKdo
Curlu
Hem
Suzanne
Bray
Frise
Somme
XX
58.
Sailly-Laurette
Sailly-le-Sec
Étinehem
Cappy
XX
43. R.
XX
3.
austr.
Hamelet
Chipilly
XX
108.
Cerisy
Méricourt
Le Hamel
XX
4.
austr.
4.30 Uhr
XX
13.
Morcourt
Chuignolles
Chuignes
Becquincourt
XXXX
2.
XXX
XI.
Proyart
XX
2.
austr.
Warfusée
Lamotte
Römerstraße
Foucaucourt
Estrées
XX
41.
Bayonvillers
Framerville
Herleville
Soyecourt
XX
109.
Marcelcave
Wiencourt
Harbonnières
Vauvillers
Vermandovillers
Guillaucourt
XX
17.
Luce
Ablaincourt
21 Uhr
Demuin
Cayeux
Caix
Rosières
Lihons
Chaulnes
XX
225.
XXX
51
GKdo
Beaucourt
Vrély
Méharicourt
Chilly
Mézières
Punchy
Le Quesnel
Fresnoy
Beaufort
Fonchette
Rouvroy
XXXX
18.
Hattencourt
essier
21 Uhr
Hangest
Arvillers
Bouchoir
Liancourt-Fosse
Parvillers
XXX
III.
Fresnoy
Damery
XX
24.
Erches
Goyencourt
Gruny
errepont
Saulchoy
©ZMSBw
07958-06

Kriegsgliederung der britischen 4. Armee

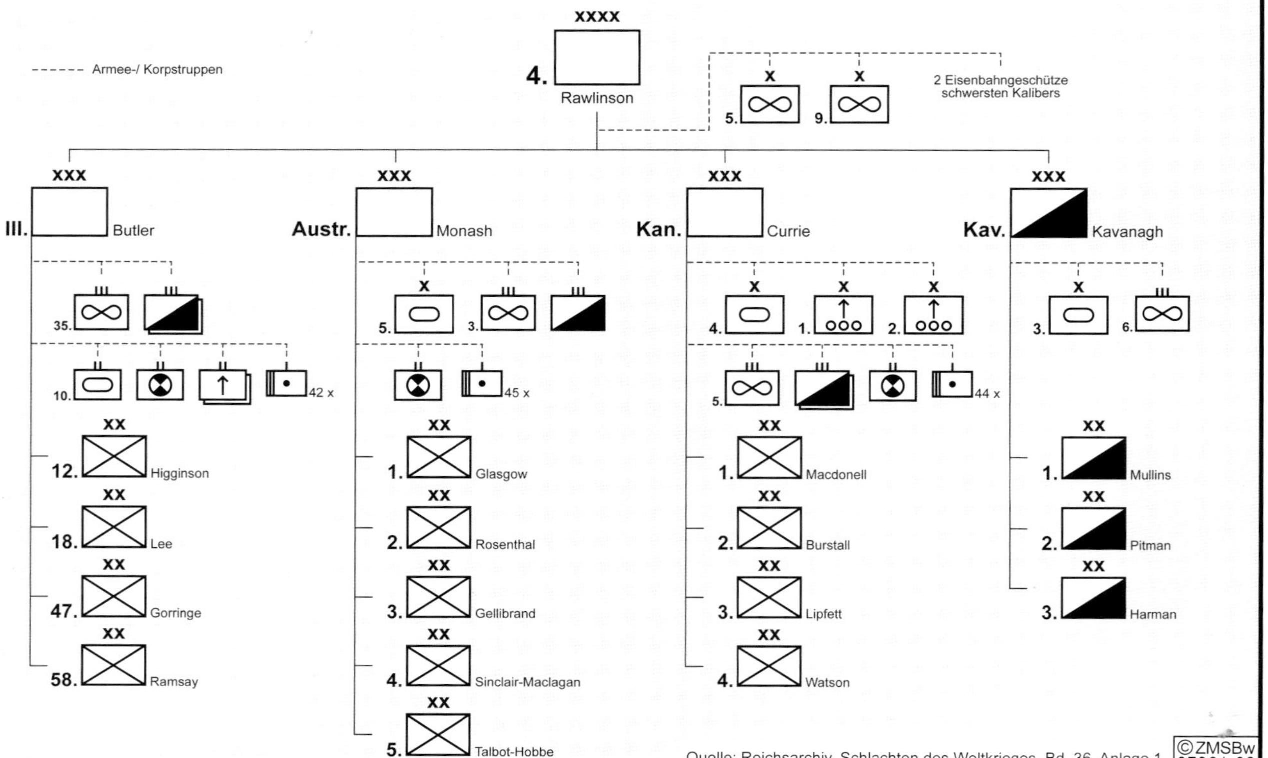

Quelle: Reichsarchiv, Schlachten des Weltkrieges, Bd. 36, Anlage 1.

Britische Infanterie geht mit Unterstützung eines Mark V bei Grevilliers im August 1918 gegen deutsche Stellungen vor.

Großoffensive hin. Zudem hatte ihnen die OHL mitgeteilt, auf absehbare Zeit sei in ihrem Frontabschnitt nicht mit größeren Angriffen zu rechnen. Nichtsdestoweniger waren beide Armeen aus verschiedenen Gründen mit der aktuellen Lage unzufrieden. Da die OHL mit Rücksicht auf die Stimmung in der Heimat sowie zur Vortäuschung weiterer Angriffsabsichten Frontverkürzungen ablehnte, lagen ihre Divisionen immer noch dort, wo die Offensive im Frühjahr geendet hatte. Für die in der Hauptstoßrichtung des gegnerischen Angriffs dislozierten Regimenter der 2. Armee bedeutete das, dass sich ihre Stellungen entweder in den versumpften Flussabschnitten der Somme, Avre und Ancre oder vor Amiens auf weiten offenen Flächen befanden, die nur hier und da von kleineren Wäldern durchbrochen waren. Der desolate Zustand der Stellungen und Unterkünfte beschäftigte Marwitz schon kurz nach Ende des Unternehmens Michael:

> Unsere Truppen haben's ganz schrecklich schwer. Der Lehmpansch nach dem fortgesetzten Regen ist unergründlich, Mann und Ross sind der Nässe ohne jeglichen Schutz preisgegeben. Dörfer oder irgendwelche Unterstände gibt's eben in breiten Strecken nicht.

Der Ausbau der zufälligen Verteidigungsstellungen litt zudem seit Monaten unter den fortdauernden kleineren Angriffen der Briten, besonders aber unter der geringen Personalstärke der Einheiten. Letztlich stützte sich die deutsche Verteidigung am Vorabend des 8. August daher auf ein schlecht ausgebautes und dazu ungünstig gelegenes Stellungssystem – keine guten Voraussetzungen, um einen Großangriff abzuwehren. Daran konnte auch die seit 1917 erfolgreich praktizierte bewegliche Verteidigung nur wenig ändern. Zudem hatten die Briten mittlerweile mit ihren Tanks und neueren Angriffsverfahren darauf reagiert, dass die Deutschen nicht mehr die vorderen Linien, sondern tiefgestaffelt einen Verteidigungsraum beweglich verteidigten, um dann den Angreifer im Gegenstoß oder Gegenangriff zu zerschlagen und das verlorene Gelände zurückzuerobern. Dieses Verteidigungsverfahren setzte jedoch eine Mindestzahl an verteidigungsfähigen und -willigen Soldaten sowie ein ausgebautes Stellungssystem voraus.

Wie sah das Kräfteverhältnis der einander gegenüberstehenden Armeen aus? Mit 749 Geschützen war die 2. Armee artilleristisch den Briten im Verhältnis 1:4 unterlegen. In der Luft konnte die Entente sogar mit der fünffachen Überlegenheit aufwarten. Zudem verfügten die Briten über ca. 500 Tanks und ihr Gegner über keinen einzigen. Auf den ersten Blick scheint das Verhältnis der Infanteriedivisionen dagegen fast ausgeglichen: 14 britischen und sechs französischen Infanteriedivisionen standen 14 deutsche gegenüber. Doch dank der Personalauffüllungen verfügte eine britische Division im Schnitt über 7000 Mann Infanterie, während diese Zahl bei deutschen Divisionen ungefähr bei 3000 Mann lag. Der Angreifer war dem Verteidiger also in allen Belangen deutlich überlegen.

Ernsthafte Schwierigkeiten bereitete der 2. Armee auch die schwindende Kampfbereitschaft der Soldaten. Immer wieder ergaben sich Soldaten, ohne ernsthaft Widerstand geleistet zu haben. Die Armeeführung stand diesem Phänomen, ebenso wie die höhere Führung andernorts, zunehmend ratlos gegenüber. Geradezu durchsichtig und hilflos wirkte der Versuch der 2. Armee, per schriftlicher Verlautbarung einerseits darauf zu verweisen, sich ergebende Soldaten würden von den Briten gnadenlos niedergemacht, andererseits den Soldaten damit zu drohen, »Feigheit vor dem Feinde« werde mit dem Tod geahndet.

Deutsche Soldaten werden an britischen Flugabwehrgeschützen vorbei in Kriegsgefangenschaft geführt.

In der Nacht vom 7. auf den 8. August bezogen die britischen Truppen ihre Sturmausgangsstellungen zwischen Morlancourt südlich der Ancre bis zur Römerstraße Amiens–Roye. Dabei setzten sie zehn Divisionen in der ersten Angriffswelle ein. Im Abschnitt des deutschen XI. Armeekorps unter Generalleutnant Victor Kühne und dort der 13. Division unter Generalmajor Rudolf von Borries griffen in erster Staffel die 2. und 3. australische Division an. Ihr sollten in zweiter Welle die 4. und die 5. australische Division folgen. Die 2. Armee hatte elf Divisionen in der vorderen Linie sowie drei als Eingreifdivisionen im rückwärtigen Raum eingesetzt.

Als um 05:20 Uhr der Artillerieschlag begann, wurden die deutschen Verteidiger von dem Angriff nicht nur völlig überrascht, sondern vielerorts ohne größere Gegenwehr geradezu überrannt. Der in die Flanke der Gefechtsstreifen der deutschen Divisionen geführte Stoß traf die Verteidiger, besonders deren rückwärtige Divisionsteile, unvorbereitet. Sehr früh wurde vielerorts die Verbindung zwischen den vorderen Stel-

Ein Offizier der 5. australischen Division bei der Befehlsausgabe während der Kämpfe am 8. August 1918 vor seinem stark reduzierten Zug

lungen, den Reserven und der Führung unterbrochen. Zahlreiche deutsche rückwärtige Artilleriestellungen wurden schnell genommen. Als der Nebel wich, beherrschten die britischen Flieger den Luftraum. Sie lenkten das Artilleriefeuer zielgerichtet und griffen direkt in die Bodenkämpfe ein. Trotz erbitterter Gegenwehr konnten die zahlenmäßig deutlich unterlegenen deutschen Flieger die Luftüberlegenheit der Alliierten nicht brechen. Mittlerweile stießen britische Kavalleristen unterstützt durch durchgebrochene leichte Tanks und Tiefflieger teilweise bis zu den deutschen Divisionsgefechtsständen vor. Zwar aktivierte die deutsche Führung sofort ihre Reserven, diese entfalteten aber keine Wirkung. Das lag daran, dass die zur Verfügung stehenden Reserve-

divisionen, gerade erst aus der Front gelöst, völlig abgekämpft waren. Zudem verfügten sie über spärliche Artillerie und somit über wenig Stoßkraft, auch lagen sie zu weit entfernt. Es kam daher zu keinen koordinierten Gegenangriffen. Es waren also nicht deutsche Gegenmaßnahmen oder die immer wieder auftretenden Koordinationsprobleme der im dichten Nebel angreifenden britischen Tanks und Infanteristen, die letztlich den alliierten Angriff gegen Nachmittag stoppten, sondern die Tatsache, dass die britischen Divisionen ihre Angriffsziele erreicht hatten und zur Verteidigung übergingen.

Zudem war der Angriff an den Flanken langsamer vorangeschritten, und die angreifenden Verbände mussten für die Fortführung der Offensive neu organisiert werden. Die Chance, den Durchbruch zu erweitern, hatte die Entente nicht genutzt. In den nächsten Tagen gelang es

Tätigkeit der am 8.8.1918 vom feindlichen Angriff betroffenen Divisionen der 2. Armee vor dem 8.8.

54. Reservedivision

Zeitraum:	Tätigkeit:
23.3. – 27.5.	Angriffs- und Stellungsdivision dazwischen 8 Tage als Eingreifdivision
28.5. – 28.6.	Ruhe
ab 28.6.	Stellungsdivision

43. Reservedivision

Anfang Februar aus dem Osten gekommen, Ausbildung bis zweite Hälfte März.

Zeitraum:	Tätigkeit:
9.4. – Ende April	Angriffs- und Stellungsdivision
1.5. – 12.6.	Ruhe (Typhus)
ab 16.6. ununterbr.	Stellungsdivision

41. Infanteriedivision

Zeitraum:	Tätigkeit:
28.3. – 5.6.	Angriffs- und Stellungsdivision
6.6. – 4.7.	Ruhe
ab 10.7.	Stellungsdivision

225. Infanteriedivision

Zeitraum:	Tätigkeit:
bis Mitte Mai	Stellungsdivision (Lothringen)
ab 24.5. ununterbr.	Stellungsdivision (2. Armee)

243. Infanteriedivision

Zeitraum:	Tätigkeit:
26.3. – 27.4.	Angriffs- und Stellungsdivision dazwischen 8 Tage herausgezogen
29.4. – 12.5.	Ruhe
14.5. – 6./14.7.	Stellungs-/Eingreifdivision

107. Infanteriedivision

Zeitraum:	Tätigkeit:
1.3. – Anfang Mai	Angriffs- und Stellungsdivision
bis 15.5.	Ruhe
bis 23.5.	Stellungsdivision
24.5. – 20.6.	Eingreifdivision
21.6. – 2.8.	Stellungsdivision
danach	Armeereserve

108. Infanteriedivision

Zeitraum:	Tätigkeit:
Mitte Jan. – Mitte April	Stellungsdivision
29.4. – 10.7.	Stellungsdivision
11.7. – 5.8.	Eingreifdivision
ab 6.8.	Stellungsdivision

109. Infanteriedivision

Mitte März Eintreffen aus Rumänien, wenige Tage Ausbildung, Verschiebungen.

Zeitraum:	Tätigkeit:
27.4. – 5.8. ununterbr.	Stellungsdivision
danach	Eingreifdivision

14. bayer. Infanteriedivision

Zeitraum:	Tätigkeit:
13.1. – 22.4.	Stellungsdivision (1. Armee)
2.5. – 23.6.	Stellungsdivision (2. Armee)
24.6. – 12.7.	Ruhe, Eingreifdivision, Verschiebungen
ab 23.7.	Stellungsdivision

27. Infanteriedivision

Zeitraum:	Tätigkeit:
21.3. – 24.3.	Angriffsdivision
bis Anfang April	Armeereserve
4.4. – 22.4.	Angriffs-/Stellungsdivision
23.4. – 25.7.	Korpsreserve, Eingreifdivision, Ruhe
ab 2.8.	Stellungsdivision

13. Infanteriedivision

Zeitraum:	Tätigkeit:
26.3. – 12.4.	Angriffs-/Stellungsdivision
13.4. – 20.4.	Eingreifdivision
22.4. – 14.5.	Angriffs-/Stellungsdivision
15.5. – Ende Juni	Eingreifdivision, Ruhe, Eingreifdivision
ab 2.7.	Stellungsdivision

117. Infanteriedivision

Anfang März aus dem Osten gekommen, Ausbildung.

Zeitraum:	Tätigkeit:
11.4. – 7.5.	Angriffs-/Stellungsdivision
8.5. – 30.5.	Ruhe
1.6. – 20.6.	Stellungsdivision
20.6. – Anfang Aug.	Ruhe
ab 5.8.	Stellungsdivision

192. Infanteriedivision

Zeitraum:	Tätigkeit:
19.2. – 22.4.	Stellungsdivision (Maas-Front)
22.4. – 7.5.	Ruhe
ab 13.5. ununterbr.	Stellungsdivision (2. Armee)

Quelle: Reichsarchiv, Schlachten des Weltkrieges, Bd. 36, Anlage 2.

den Deutschen mit herangeführten Reserven, die Front einigermaßen zu stabilisieren. Am 12. August stellten ihre Gegner den Angriff ein. Doch die Bilanz für die OHL war erschütternd. Allein die 2. Armee hatte über die Hälfte ihrer Artillerie eingebüßt. Zudem waren mehrere ihrer Divisionen zerschlagen oder kaum noch einsatzfähig. Am Ende des Tages hatten die Briten bis zu 11 Kilometer gutgemacht und dabei ›lediglich‹ 8800 Tote, Verwundete und Gefangene zu beklagen, während die 2. Armee am 8. August 30 000 Mann verloren hatte, davon über die Hälfte Gefangene. Die Deutschen hatten ihre schwerste Niederlage des Krieges erlitten und nur mit viel Glück einen operativen Durchbruch verhindert. Was war die Ursache für dieses dramatische Scheitern, das als »schwarzer Tag des deutschen Heeres« in die Geschichte eingehen würde?

Neben der Tatsache, dass die Briten ihre Angriffstaktik nicht zuletzt durch den Masseneinsatz von Tanks modernisiert hatten, lässt sich auf deutscher Seite ein Bündel von Ursachen ausmachen. So stufte die 2. Armee am 3. August lediglich zwei ihrer Divisionen als voll kampffähig, dagegen drei als nur zur Verteidigung an ruhiger Front befähigt und drei als ablösungsbedürftig ein. Aber auch die übrigen als kampfkräftig bewerteten Divisionen hatten unter den schweren Kämpfen des Frühjahrs und den seit Wochen andauernden kleineren Gefechten mehr gelitten als andere Verbände an der Westfront. Sie hatten die Grenzen der physischen und psychischen Belastbarkeit erreicht oder schon überschritten.

Am Beispiel der 13. Division, die wie viele andere deutsche Divisionen nur noch zur Verteidigung an ruhiger Front fähig gewesen wäre, insbesondere an ihrem Feldartillerieregiment 58, lassen sich im Folgenden die wesentlichen Gründe für die Niederlage veranschaulichen.

Die im Schwerpunkt des australischen Angriffes gelegene 13. Division hatte im Verlauf der Michael-Offensive starke Verluste erlitten. Auch nach dem Ende der Offensive wurde sie trotzdem immer wieder eingesetzt, erlitt erneut hohe Verluste und kam nicht zur Ruhe. Am 11. Juli meldete daher ihr Divisionskommandeur:

> Durch die schweren Kämpfe am 4. Juli, durch die nicht unerheblichen Verluste auch in den folgenden Tagen, die stete Alarmbereitschaft in den nicht ausgebauten Stellungen, die nicht regelmäßige

Versorgung mit Lebensmitteln und Wasser, das häufige Gaseinatmen und die Grippe ist die Kampfkraft der Truppen sehr stark gesunken. Am stärksten hat das Inf. Regt. 13 gelitten; besonders empfindlich ist der Ausfall an Offizieren.

Am 1. August betrug die Grabenstärke der Division nur noch 853 Gewehrträger. Der Regimentskommandeur des Feldartillerieregiments 58 meldete am 6. August:

Das Regiment ist vollständig abgekämpft […], sodass Versagen mit Wahrscheinlichkeit zu erwarten ist. […] Der belebende Einfluss der Offiziere auf ihre Leute ist ausgeschaltet. Der Pferdebestand ist so,

Australische Truppen während des Angriffs am 8. August 1918. Dieses zeitgenössische Gemälde des Kriegsmalers Will Longstaff zeigt das Zusammenwirken von Infanterie, Artillerie, Kavallerie und der Tank-Waffe.

> dass das Regiment z. Zt. nicht bewegungsfähig ist. Eine Verantwortung für ein Versagen des Regiments bei längerem Verbleiben in der Stellung [...] muss ich in vollem Umfang ablehnen.

Angesichts dieser Lage wirkten sich die Witterungsbedingungen am Angriffstag hochgradig demoralisierend auf die deutschen Soldaten aus. Als der Angriff begann, herrschte dichter Nebel, teilweise mit Sichtverhältnissen von unter zehn Metern, der durch Beschuss mit Nebelgranaten noch verstärkt wurde. Auch wenn der Nebel die Organisation der vorrückenden britischen Truppen ebenfalls beeinflusste, waren seine Auswirkungen auf die deutschen Verteidiger dramatisch. Die notwendige Kommunikation über Leuchtmittel zwischen Infanterie und Artil-

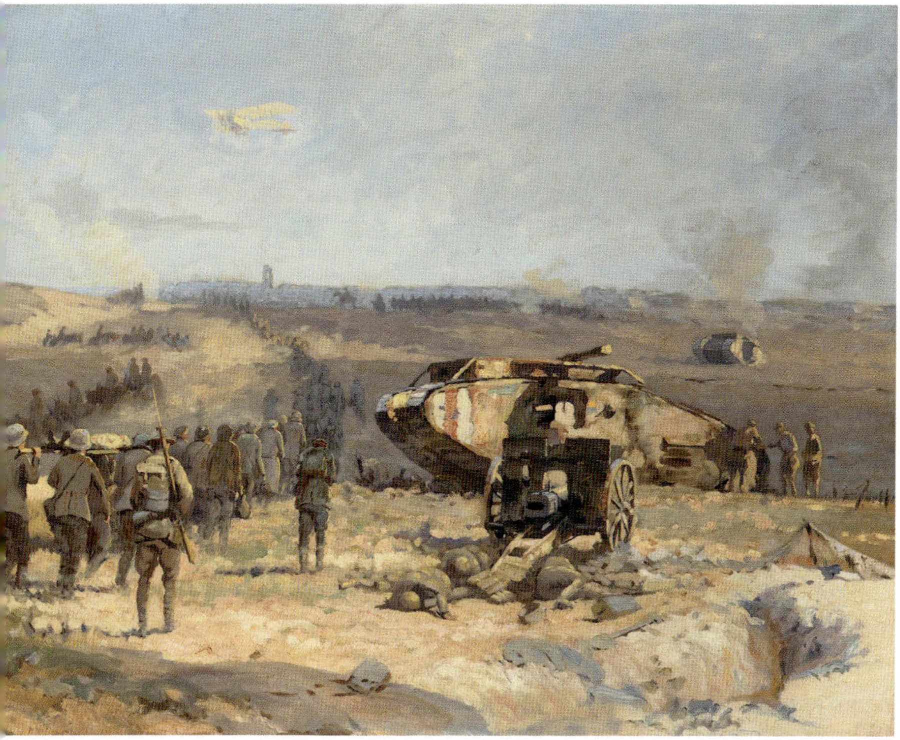

lerie war nicht mehr möglich. Die deutsche Artillerie konnte daher nur wenig zielgerichtet in das Gefecht eingreifen, stand aber aufgrund der guten gegnerischen Aufklärung selbst unter starkem Feuer. Zugleich tauchten die gegnerischen Angreifer geradezu gespenstisch ohne Vorwarnung vor den Verteidigern auf. Dem psychischen Druck, den die förmlich aus dem Nichts kommenden, nur schemenhaft zu erkennenden Tanks auf die deutschen Soldaten ausübten, waren viele nicht gewachsen. Sie flohen nach hinten oder ergaben sich. Den zum Gegenstoß nach vorne gehenden deutschen Soldaten kamen daher eine Vielzahl mit und ohne Waffen fliehender, halbbekleideter Kameraden entgegen.

Taktisch waren die Soldaten der 13. Division von Anfang an in einer fast aussichtslosen Situation, denn die britische Überraschung war vollkommen gelungen. Ebenso wie die Franzosen nur wenige Wochen zuvor bei Villers-Cotterêts griffen die britischen Infanteristen und Tanks nach nur kurzer Artilleriefeuervorbereitung an. Über diese neue Taktik waren die Soldaten der deutschen 2. Armee jedoch nicht informiert worden. Innerhalb kürzester Zeit waren die vordersten Teile umzingelt. Das vorn eingesetzte III. Bataillon des 55. Infanterieregiments geriet fast geschlossen in Gefangenschaft. Auch die Hauptwiderstandslinie war bereits gegen sechs Uhr an vielen Stellen durchbrochen. Die schnell vorrückenden, in die Flanke angreifenden britischen Tanks hatten schon den Gefechtsstand des Infanterieregiments 13 erreicht und den Regimentsstab außer Gefecht gesetzt. Um 06:30 Uhr war das Bereitschaftsbataillon des Regiments aufgerieben. Aufgrund der schnellen Lageentwicklung und der schwierigen Witterungsbedingungen wurden Gegenstöße zu spät oder gar nicht angesetzt.

Mit welcher Geschwindigkeit der britische Angriff erfolgte, zeigt die Lageentwicklung des Feldartillerieregiments 58. Wie bei allen deutschen Divisionen bildete das Feldartillerieregiment das Rückgrat der Verteidigung. Normalerweise dringen gegnerische Truppen selten, und wenn, dann nicht so schnell, in die rückwärtigen Stellungen der Artillerie ein. Am 8. August war das anders. Unter den Rufen »Alles ist verloren« hatten die ersten fliehenden Infanteristen schon kurz vor sieben Uhr die Artilleriestellungen erreicht. Ihnen folgten unmittelbar die ersten britischen Tanks und Panzerwagen. Nur Minuten später befanden sich die Batterien des Regiments mit den wenigen ihnen noch verbliebenen Geschützen im Feuergefecht gegen die vorstoßen-

Deutsche 13. Infanteriedivision, 8. August 1918

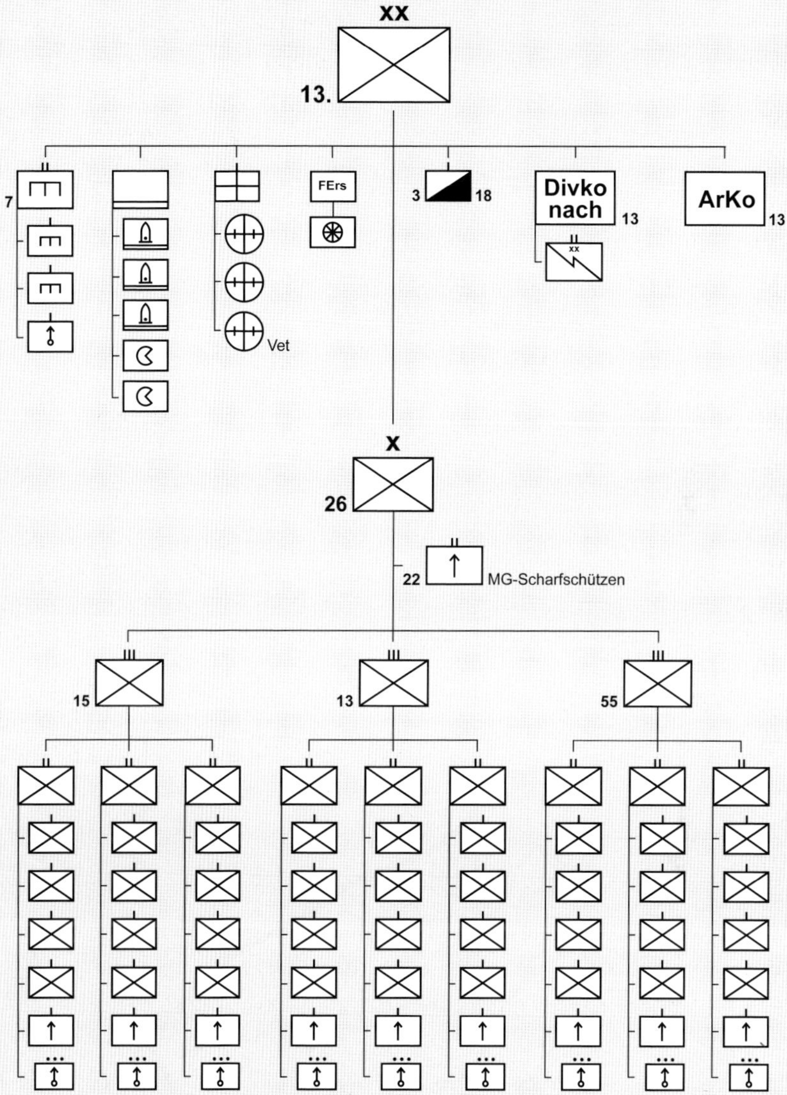

FErs Feldersatz (Personalersatz)
ArKo Artillerie-Kommandeur (13. Infanteriedivision)
Divkonach Divisionsnachrichtenkommandeur (13. Infanteriedivision)

Quelle: Cron, Geschichte des deutschen Heeres.

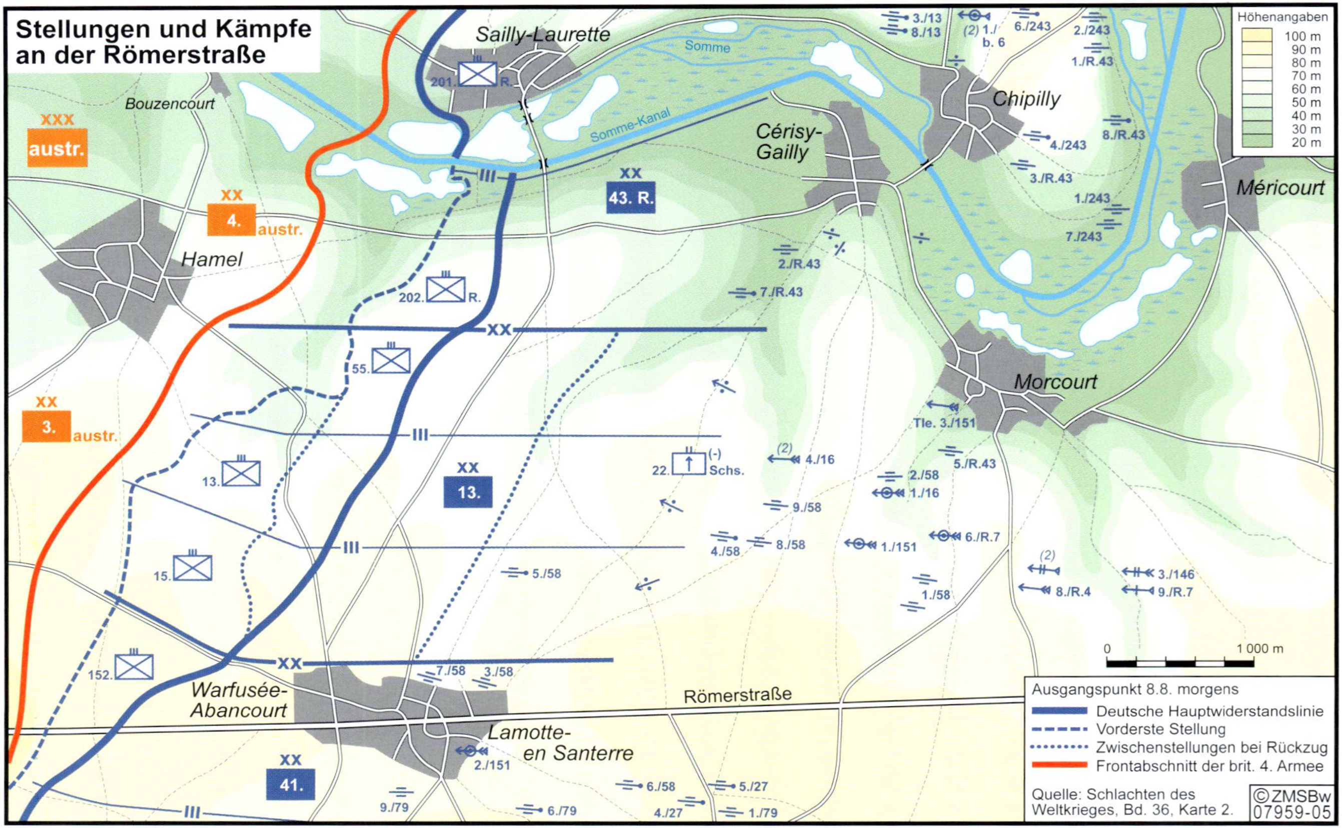

Stellungen und Kämpfe an der Römerstraße
Sailly-Laurette
Somme
Somme-Kanal
Bouzencourt
Hamel
Cérisy-Gailly
Chipilly
Méricourt
Morcourt
Warfusée-Abancourt
Lamotte-en Santerre
Römerstraße
XXX austr.
XX 4. austr.
XX 3. austr.
XX 43. R.
XX 13.
XX 41.
201. R.
202. R.
55.
13.
15.
152.
22. (-) Schs.
3./13
8./13
(2) 1./ b. 6
6./243
2./243
1./R.43
4./243
8./R.43
3./R.43
1./243
7./243
2./R.43
7./R.43
Tle. 3./151
5./R.43
(2) 4./16
2./58
1./16
9./58
4./58
8./58
1./151
6./R.7
(2)
8./R.4
3./146
9./R.7
1./58
5./58
7./58
3./58
2./151
9./79
6./79
6./58
4./27
5./27
1./79
Höhenangaben
100 m
90 m
80 m
70 m
60 m
50 m
40 m
30 m
20 m
0
1 000 m
Ausgangspunkt 8.8. morgens
Deutsche Hauptwiderstandslinie
Vorderste Stellung
Zwischenstellungen bei Rückzug
Frontabschnitt der brit. 4. Armee
Quelle: Schlachten des Weltkrieges, Bd. 36, Karte 2.
©ZMSBw 07959-05

Artilleriekommandeur 13. Infanteriedivision

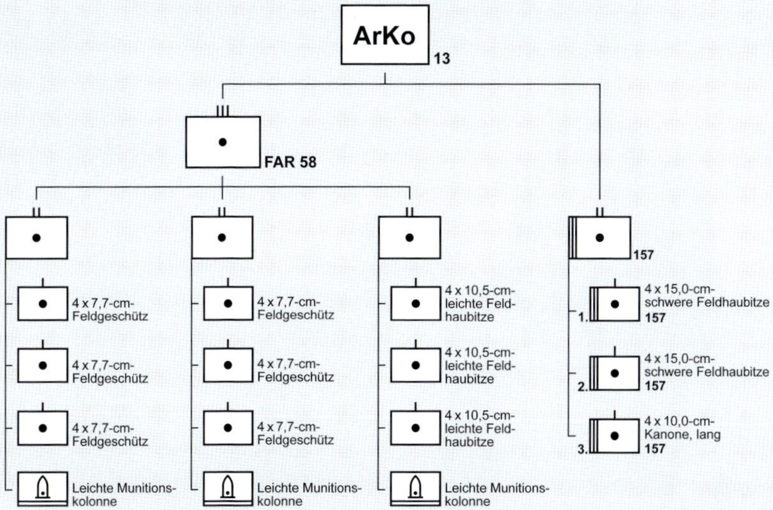

Diese Darstellung zeigt die Grundgliederung ArKo 13. Im Gefecht zugeteilte Artillerie ist hier nicht dargestellt.

ArKo Artilleriekommandeur (13. Infanteriedivision)
FAR Feldartillerieregiment (58.)

Quelle: Cron, Geschichte des deutschen Heeres.

den britischen Tanks. Wie auch bei den Infanteristen gab es kleinere Trupps oder Geschütze, die sich von der um sich greifenden Panik nicht anstecken ließen und trotz der äußerst kritischen Lage auf kürzeste Distanz gegen die gegnerischen Tanks kämpften. Doch nach kurzer Zeit erlahmte ihr Widerstand. Die Munition war verschossen, die Geschütze vernichtet. Die überlebenden Artilleristen ergaben sich oder zogen sich zurück, nachdem sie die noch funktionsfähigen Geschütze zerstört hatten. Das Feldartillerieregiment 58 verlor an diesem Tag alle seine Geschütze.

Mittlerweile hatte sich der Nebel verzogen, sodass sich die gegnerische Luftüberlegenheit verheerend auf die nach Osten fliehenden Soldaten auswirkte. Tiefflieger griffen, unterstützt von einzelnen durchgebrochenen Panzerwagen und Kavalleristen, die davoneilenden Soldaten sowie die sich zurückziehenden Versorgungskolonnen mit ihren

Douglas Haig bei der Besichtigung kanadischer Truppen. Die kanadischen Einheiten galten ebenso wie die australischen und neuseeländischen als Eliteverbände.

Maschinengewehren an. Als die britischen Verbände ihre Gefechtsziele erreicht hatten und ihre Angriffe einstellten, existierte die 13. Division als kampffähiger Verband nicht mehr.

Nach der Niederlage am 8. August konnte auch die OHL die ungebrochene Stärke der Entente und den Verfall der deutschen Kampfkraft nicht mehr abstreiten. Ludendorff bezeichnete daher gegenüber Oberst Albrecht von Thaer, dem Stabschef des Generalquartiermeisters im Großen Hauptquartier, den 8. August als »*dies ater* [schwarzen Tag] in Deutschlands Geschichte«. Während die alliierte Gegenoffensive Mitte Juli bei Villers-Cotterêts die militärische Wende markiert, symbolisiert die Niederlage vom 8. August 1918 den Zusammenbruch des deutschen Widerstandswillens und das Ende der deutschen Siegeshoffnungen.

Tausende deutsche Soldaten gingen nun oft lieber in Gefangenschaft, als zu kämpfen.

Weshalb ließ ihr Kampfeswille so spürbar nach? Zur Beantwortung dieser Frage ist es notwendig, die Stimmungslage der deutschen Soldaten zur Jahreswende 1917/1918 zu rekapitulieren. Die Materialschlachten der letzten Jahre hatten die Soldaten verändert. Die festen militärischen Strukturen der Armee hatten in den Schützengräben und im Trommelfeuer Risse bekommen. Die in den ersten Kriegsjahren durch die Gemeinschaft der Frontsoldaten überwundenen Klassenschranken lebten hinter der Front in der Etappe erneut auf. Dort verschärfte sich die Kluft zwischen Mannschaften und Offizieren, während sich in vielen Fronteinheiten durchaus die später glorifizierte Frontsoldatengemeinschaft entwickelte. Die regelmäßig in Ruhestellungen geführten Fronteinheiten waren nun wieder dem an der Front nicht vorhandenen Kasernenhofdrill ausgesetzt und erlebten als Kontrast dazu das vergleichbar komfortable Leben der Offiziere in der Etappe. Immer häufiger forderten Soldaten die Beseitigung der sozialen Unterschiede und eine Verbesserung ihrer eigenen Lebenslage. Beispiele für die herrschenden Missstände beschreibt eine Tagebuchaufzeichnung Kronprinz Rupprechts vom 16. November 1917:

> Nachforschungen über die Ungehörigkeiten, die sich bei den Transporten von Ersatzmannschaften aus dem Osten ereignet hatten, ergaben, dass bei der Zusammenstellung und Vorbereitung der Transporte Missgriffe und Unterlassungssünden begangen worden waren. Während der fünf Tage dauernden Fahrt hatten die Leute unter Hunger und Kälte zu leiden gehabt. Sie waren mit Unterzeug und Decken nur unnötig ausgestattet, einige besaßen nicht einmal Mäntel, dabei waren die Wagen ungeheizt und die Fensterscheiben zerbrochen.

Da sich trotz einiger Bemühungen der OHL die Verhältnisse nicht änderten, entwickelte sich bei vielen Soldaten ein Hass auf Offiziere, der sich ab Herbst 1917 in der Etappe immer häufiger in Gehorsamsverweigerungen entlud. Parallel zu einer Disziplinierungskampagne versuchte die OHL, die sinkende Moral der Truppe durch sportliche Ertüchtigung und die Einführung des »Vaterländischen Unterrichtes« zu heben. Alle

Maßnahmen scheiterten, der Unmut nahm weiter zu. Ludendorff selbst spricht in seinen Kriegserinnerungen von einer steigenden Zahl von Drückebergern und einer sinkenden Kampfmoral der Truppe.

Die Hoffnung, den Krieg durch diese Offensive endlich zu beenden, wirkte im Frühjahr 1918 auf die Soldaten wie ein Aufputschmittel. Das Ohnmachtsgefühl und die Passivität der Verteidigungsschlacht wichen der Aktivität und der Bewegung des Angriffes. Die eben noch depressive, gereizte Stimmung wurde durch Euphorie und eine hohe Erwartungshaltung abgelöst. Zugleich wuchs in der Truppe die von der OHL geschickt lancierte Überzeugung, nun stehe die letzte entscheidende Schlacht bevor, und diesmal werde man siegen. Die Hochstimmung war freilich nur von kurzer Dauer. Die Härte der Kämpfe und die hohen Verluste zermürbten die Truppe. Angesichts des Überflusses an Nahrungsmitteln, Kleidung und Alkohol in den eroberten alliierten Nachschubdepots zerbrach die vordergründig wiedergewonnene Disziplin vieler Soldaten. Trotz aller Bemühungen der Offiziere konnten Plünderungen, vereinzelt sogar regelrechte Alkoholexzesse, nicht verhindert werden. Viele Soldaten erkannten jetzt, über welch ungeheure materielle Überlegenheit die Entente verfügte.

Die Euphorie wich einem Schock, als die OHL befahl, die erreichte Linie durch den Ausbau von Stellungen zu sichern, denn dieser Befehl signalisierte das Scheitern der Offensive, den Übergang zum erneuten Stellungskrieg und damit das Ende der Friedenshoffnungen. Oberst von Thaer beschreibt die Stimmungslage der Soldaten nach der gescheiterten Märzoffensive wie folgt:

> Sie hatten zu sehr darauf gehofft, dass dieser große Schlag im März den Krieg beenden würde. Man hatte daraufhin noch einmal allen Schneid und alle Energie zusammengerissen. Nun ist die Enttäuschung da, und sie ist groß.

Die Moral der Soldaten verschlechterte sich nach dem Ende der Michael-Offensive rapide. Besonders die hohen Verluste der Mob.-Divisionen an Zugführern, Kompaniechefs und Bataillonskommandeuren, deren Einfluss auf die Truppe im Laufe des Krieges immer mehr zugenommen hatte, wirkten sich auf das innere Gefüge der Truppe äußerst negativ aus.

Fatalismus, Resignation und beginnenden Zorn verspürten viele Soldaten ab April 1918. Einzelne Offiziere an der Front erkannten dies im Gegensatz zur OHL sehr wohl. Thaer schrieb am 18. April 1918:

> Der lange Krieg hat aus unseren Truppen alles herausgeholt, was sie leisten konnten. [...] Die Tapfersten, die sich am meisten auszeichneten, sind tot oder kaputtgeschossen, und auch bei Männern, die sich 100-fach bewährt haben, sind die Nerven allmählich schlecht geworden. [...] Wir haben jetzt hier für diesen Angriff [...] recht viele Divisionen, die eben erst die große März-Offensive mitgemacht haben, bei diesem nochmals ihre besten Offiziere und Leute verloren haben und nur notdürftig aufgefüllt sind mit Personal, das leider immer weniger Wert wird. Ich muss sagen, dass mir vielfach die Truppe nicht gefällt, die jetzt hier eingesetzt wird.

Die Disziplinlosigkeiten stiegen ebenso wie die Rate der Deserteure sprunghaft an. In der Etappe und auf den Eisenbahntransporten entwickelte sich die »Drückebergerei« zu einem ernsthaften Problem, das die

Die schlechte Versorgungslage der deutschen Truppen führte im Verlauf der Offensive zu Plünderungen.

militärische Führung nicht in den Griff bekam. So verschwanden auf den Eisenbahntransporten von der Ost- an die Westfront des Öfteren zehn bis zwanzig Prozent der Soldaten. Auch das Phänomen der Plünderungen bestand fort. Während der Offensive am Chemin des Dames musste die militärische Führung Soissons wieder räumen, da sie die Plünderung der in der Stadt befindlichen Lebensmitteldepots durch ihre eigenen Truppen fürchtete. Generaloberst Karl von Einem, Oberbefehlshaber der 3. Armee, räumte ein: »Ein Motiv für die Tapferkeit unserer Infanterie in der Offensive ist die Plünderungssucht.«

Die Niederlagen vom 18. Juli und 8. August sowie die beginnenden Verteidigungskämpfe führten den Soldaten die Aussichtslosigkeit ihrer Lage vor Augen. Viele waren nicht mehr bereit, in einem gnadenlosen Stellungskrieg erneut ihr Leben zu riskieren. Es kam zwar nicht zu offenen Meutereien, aber zahlreiche Soldaten waren nicht mehr willens, weiterzukämpfen. Zu Tausenden gingen deutsche Soldaten seit Beginn der alliierten Gegenoffensiven bereitwillig in Gefangenschaft, da sie dies dem Kampf vorzogen. Andere desertierten und versteckten sich im Hinterland.

Ludendorff und Hindenburg hatten bewusst oder unbewusst die Entwicklung in der Truppe lange verdrängt. Als Thaer Ludendorff und Hindenburg Anfang Mai die Lage in schonungslosen Worten beschrieb, stieß er auf taube Ohren. Hindenburg glaubte ihm schlicht und ergreifend nicht, und Ludendorff fuhr ihn erbost an: »Was soll Ihr ganzes Geunke? Was wollen Sie von mir? Soll ich jetzt Frieden à tout prix [um jeden Preis] machen?« Gleichzeitig schob er die Schuld für die Missstände und das Versagen der Offensiven auf die Frontoffiziere:

> Wenn die Truppe schlechter wird, wenn die Disziplin nachlässt, so ist das Eure Schuld, die Schuld aller Kommandostellen vorn, die nicht zufassen. Wie wäre es sonst möglich, dass ganze Divisionen sich festgefressen und festgesoffen haben bei erbeuteten feindlichen Magazinen und nicht den so nötigen Angriff weiter vorwärts trugen.

Ludendorff hatte damit schon im Mai 1918 sowohl einen Sündenbock für die mangelnde Kampfbereitschaft und Disziplin der Soldaten als auch für das Scheitern der Offensive gefunden. Nicht die frontferne OHL, sondern die Frontsoldaten und Frontoffiziere hatten versagt. Die eigentlichen Ursachen, nämlich die Missstände, die Überforderung der Truppe und nicht zuletzt die Führungsfehler der OHL, wurden verdrängt.

Die Zahl der Deserteure, Vermissten und Versprengten wuchs seit August an. Hatten die Siege die Soldaten noch bei der Stange gehalten, ließen die Niederlagen mancherorts die Dämme der Disziplin brechen.

»Das« Bild des deutschen Soldaten des Ersten Weltkriegs: immer wieder in der Literatur verwendetes Foto eines Sturmtrupp-Soldaten

Wahrscheinlich haben sich in den letzten vier Kriegsmonaten Hunderttausende dem Frontdienst auf die eine oder andere Weise entzogen. Loßberg sah letztlich nur die Chance, die »Drückebergerei« durch eine Abriegelung des Heeresgebietes gegen das Heimatgebiet in den Griff zu bekommen. Viele deutsche Soldaten wollten nicht mehr kämpfen. Sie wollten Frieden und sie wollten nach Hause.

Nach dem Krieg erweckte Ludendorff in seinen Erinnerungen den Eindruck, er habe sich nach dem 8. August 1918 dazu entschlossen, den Kampf zu beenden:

> Der 8. August stellte den Niedergang unserer Kampfkraft fest und nahm mir bei solcher Ersatzlage die Hoffnung, eine strategische Aushilfe zu finden, welche die Lage zu unseren Gunsten festigte. [...] Das Kriegführen nahm damit, wie ich mich damals ausdrückte, den Charakter eines unverantwortlichen Hazardspieles an, das ich immer für verderblich gehalten habe. Das Schicksal des deutschen Volkes war mir für ein Glücksspiel zu hoch. Der Krieg war zu beenden.

Ludendorff schrieb mit dieser Äußerung bewusst die Geschichte in seinem Sinne um. In Wahrheit hatte er während des Kronrates am 14. August 1918 die Reichsleitung nur nebulös über die kritische militärische Lage informiert. Zwar hatte er unter vier Augen dem Staatssekretär im Auswärtigen Amt, Admiral Paul von Hintze, erklärt, er habe nicht mehr die Sicherheit wie vor einigen Wochen, den Kriegswillen der Entente durch Offensiven zu brechen, doch führte er im Beisein des Kaisers und des Reichskanzlers aus, dass durch eine strategische Defensive der Kriegswille der Gegner gebrochen und die Truppe auf französischem Boden stehenbleiben werde. Wahrscheinlich um eventuelle Schuldzuweisungen gegen die OHL im Keim zu ersticken, klagte er über den Defätismus in der Heimat, der auf die Fronttruppe übergreife. Die kritische Lagedarstellung Hintzes tat er als »Schwarzseherei« ab. In der Überzeugung, dass die militärische Lage zwar angespannt, aber nicht hoffnungslos sei, einigten sich die Beteiligten darauf, Friedensschritte über neutrale Staaten erst nach einem deutschen Waffenerfolg aufzunehmen.

↗ **Deutsche Truppen auf dem Rückzug**

6 Der lange Weg zurück

Wie standen Mitte August 1918 die Chancen des Kaiserreichs, den Krieg noch zu gewinnen? Seit März hatte sich die Lage der Verbündeten des Kaiserreiches dramatisch verschlechtert. Die unvermindert anhaltende Seeblockade zeigte Wirkung – die Bevölkerung war am Verhungern. Auch die eroberten vermeintlichen Kornkammern Russlands in der Ukraine konnten den Nahrungsmittelbedarf der Mittelmächte nicht decken. Trotzdem standen im Sommer 1918 noch 38 deutsche Divisionen im Osten, die ihren Vormarsch, z. B. auf den Kaukasus, unvermindert fortsetzten, um Ludendorffs Kriegsziele im Osten durchzusetzen und zu der Ölregion um Baku am Kaspischen Meer vorzustoßen.

Der Abzug der deutschen Truppen von der Salonikifront hatte Bulgarien verunsichert und die Balkanfront erheblich geschwächt. Konflikte mit dem Osmanischen Reich um die Dobrudscha-Region verschärften die innenpolitische Lage zusätzlich. Die türkische Armee stand vor dem Zusammenbruch. Einer ernsthaften Offensive der Briten in Palästina und im Irak hatten die Türken nichts entgegenzusetzen. Trotzdem rückten sie, gegen den Willen Deutschlands, im Kaukasus vor und eroberten schließlich Baku. Die letzte österreichisch-ungarische Offensive gegen Italien scheiterte im Juni 1918 schon nach wenigen Tagen. Die Niederlage sowie die katastrophale Ernährungslage beschleunigten den schleichenden Erosionsprozess der Habsburgerarmee; sie trieben den Vielvölkerstaat unaufhaltsam an den Rand des Abgrundes.

Die Lage der Verbündeten war verzweifelt. Nur die Hoffnung auf den Sieg der deutschen Waffen in Frankreich garantierte ihre weitere Bündnistreue. Angesichts der geschilderten materiellen und personellen Entwicklung hatte das Kaiserreich jedoch nach dem 8. August 1918 keine Chance mehr, den Krieg zu gewinnen. Das erkannte auch der Kaiser. Zwei Tage nach der schweren Niederlage stellte er während eines Lagevortrags der OHL fest: »Ich sehe ein, wir müssen Bilanz ziehen. Wir sind an der Grenze unserer Leistungsfähigkeit. Der Krieg muss beendet werden.« Ludendorff sah dagegen den Grund für die Niederlage im Versagen der Truppe. Er forderte die Frontbefehlshaber unmissverständlich dazu auf, »keinen Fußbreit Bodens ohne zähen Kampf aufzugeben«. Diese Direktive Ludendorffs bestimmte den künftigen deutschen militärischen Rückzug.

Die Abwehr musste also in den jetzigen Linien geleistet werden, die weder operativ noch taktisch dafür geeignet waren. Operativ besonders ungünstig waren die noch gehaltenen beiden großen Frontvorsprünge: der kleinere von Ypern bis Lens, der weit größere von Arras bis Reims. Gerade an diesen beiden Vorsprüngen war die Front nur notdürftig oder gar nicht ausgebaut. Ein zusammenhängendes, zur Abwehr geeignetes Stellungssystem boten erst die Linien, die man vor der Frühjahrsoffensive innegehabt hatte und die sich weitgehend mit dem Verlauf der 1917 bezogenen Siegfriedstellung deckten. Zwar waren sie im Allgemeinen gut ausgebaut gewesen, aber, sofern verlassen, mittlerweile schon weitgehend verfallen. Manche Konstruktionen hatte man auch geplündert, um den Bedarf an Baustoffen für die neuen Frontstellungen zu decken. Hinter der Kampfzone des Frühjahres 1918 waren operative rückwärtige Stellungen in verteidigungsfähigem Zustand kaum vorhanden.

Am 12. August 1918 trat eine der aktuellen Lage angepasste Neugliederung des Westheeres in Kraft. Die 2., 9. und 18. Armee wurden zur Heeresgruppe Boehn zusammengefasst. Zum Chef des Generalstabes der Heeresgruppe wurde der Verteidigungsspezialist Loßberg ernannt. Somit war der bedrohteste Abschnitt der Westfront zwischen Albert und Soissons unter einheitliche Führung gestellt. Zeitgleich erging die Weisung, die Rücknahme des linken Flügels der 17., der 2. und 18. Armee sowie des rechten Flügels der 9. Armee in die bereits am 10. August als »Rückhaltelinie« genannte ungefähre Verbindung Bucquoy–Maricourt–St. Christ–Noyon–Rampcel vorzubereiten. Die Heeresgruppe Boehn erhielt den Auftrag, die Stellung auszubauen und die Ausweichbewegung zu koordinieren.

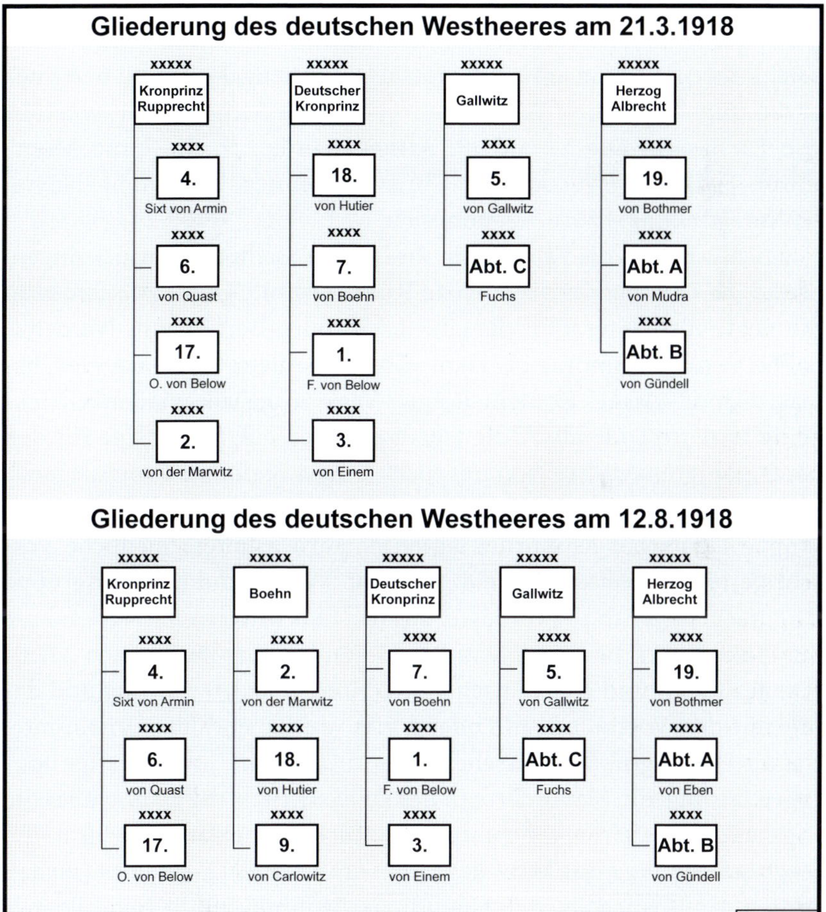

Quelle: Bundesarchiv, Der Weltkrieg 1914–1918, Bd. 14, Beilage 36b.

Obwohl diese »Winterstellung« neu erbaut werden musste, plante die OHL sie als Dauerstellung ein, in der die Angriffe des Gegners für eine längere Zeit abgewehrt werden sollten. Aufgrund der starken feindlichen Angriffe sah sich die OHL aber schon am 23./24. August und nicht wie vorgesehen Anfang September gezwungen, die Ausweichbewegung in die »Winterstellung« einzuleiten. Angesichts der sich verschärfenden Lage wies Ludendorff die Heeresgruppe Boehn an, spätestens am 1. September die Bewegung zur Einnahme der »Winterstellung« anzutreten und somit den Südflügel über Ham nach der Ailettemündung zurückzubiegen. Damit akzeptierte die OHL zugleich die Räumung des großen Somme-Brückenkopfes westlich von Péronne. Aufgrund der erwarteten Ausdehnung des feindlichen Angriffs nach Norden befahl die OHL schon am 26. August den Rückzug der 4. und 6. Armee in die ungefähre Linie Wytschaete–vorwärts Armentières–westlich von La Bassée. Die 2. und 18. Armee wurden in die Linie Montauban–Feuillèrs–Flaucourt–St. Christ–Voyennes–Libermont–Noyon (»Winterstellung«) zurückgenommen.

Noch während die Truppen in ihre neuen Stellungen zurückgingen, plante die OHL bereits die nächste Rückzugslinie. Unter Anschluss an die Siegfriedstellung sollte die Linie Lagincourt–Bertincourt–Nord-Kanal bis Péronne–Somme bis Ham–Chauny–Ailette bis Coucy–le Château–Condé–Aisne–Romain-Riegel–Vesle ausgebaut werden. Gleichzeitig forderte Ludendorff die Heeresgruppen auf, Vorschläge für den beschleunigten Ausbau weiterer rückwärtiger Stellungen vorzulegen.

Sowohl die Heeresgruppe Kronprinz Rupprecht als auch die Heeresgruppe Deutscher Kronprinz legten daraufhin unterschiedliche Vorschläge für die weitere Verteidigung vor. Während die Heeresgruppe Rupprecht lediglich zur Verbesserung der Tankabwehr eine Rücknahme der Front hinter die Kanäle von Pont à Vendin über Douai nach Arleur (Deule-Kanal) und weiter nach Ytres (Nord-Kanal) vorschlug und damit mit den Vorstellungen Ludendorffs weitgehend übereinstimmte, trat die Heeresgruppe Deutscher Kronprinz für eine mittelfristige operative Lösung ein. Sie forderte in der Denkschrift »Auffassung über die Lage an der Westfront« nicht nur eine Rücknahme der Front bis in die Siegfriedstellung vom März des Jahres 1918, sondern das Ausweichen der 1. und 3. Armee bis in die Hunding-, Brunhild- und Kriemhildstellung. Als Begründung führte die Heeresgruppe an:

Der deutsche Rückzug bis 11. November 1918

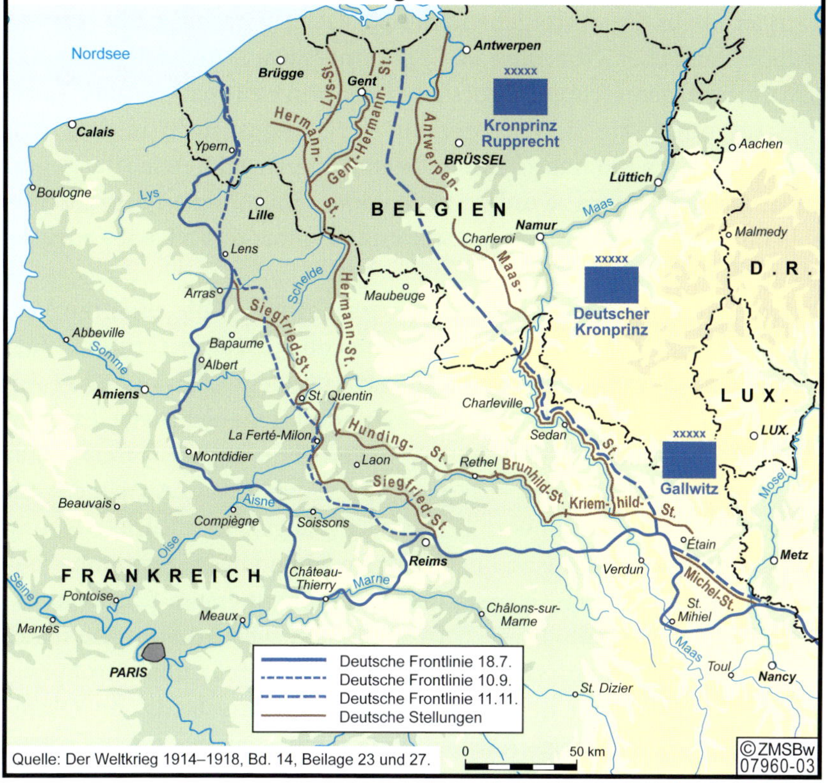

Quelle: Der Weltkrieg 1914–1918, Bd. 14, Beilage 23 und 27.

> Wie es dem Feinde gelang, so kommt es auch für uns darauf an, nach Abschluss der feindlichen Offensive ein schlagkräftiges Heer in der Hand zu haben. Wird dies erreicht, so ist der Angriff der Entente gescheitert und damit vielleicht die Grundlage für Verhandlungen gegeben. Wir müssen also bemüht sein, unsere Reserven nicht zerschlagen zu lassen und überall da, wo sich nicht günstige Grundlagen für die Verteidigung böten, nach vorbereitetem Plan auszuweichen.

Das Ausweichen dürfe jedoch die Moral der Truppe nicht beeinträchtigen, es müsse also »seine Grenzen in einer Dauerstellung finden, die günstige Bedingungen für nachhaltige Verteidigung schafft und, bei weitgehender Abkürzung der Front, die Möglichkeit zum Aufsparen starker Reserven bietet.« Zwar akzeptierte Ludendorff kleinere taktische Veränderungen, wie sie die Heeresgruppe Rupprecht vorschlug, doch lehnte er die weitergehenden operativen Vorschläge der Heeresgruppe Deutscher Kronprinz ab. Er stimmte zwar prinzipiell der Denkschrift der Heeresgruppe Deutscher Kronprinz zu, schloss aber einen Rückzug hinter die Siegfriedstellung Ende August noch ausdrücklich aus. An anderen Frontabschnitten, beispielsweise im Bereich der 4. und 6. Armee in Flandern, wurden die Truppen Ende August dagegen unbehelligt vom Gegner in die alte Stellung Wyschaete–La Bassée zurückgezogen.

Nach Abschluss des Artillerieaufmarsches traten die alliierten Verbände am 31. August auf einer Frontbreite von 150 Kilometern zwischen Arras und Soissons mit Schwerpunkt vor der deutschen 9. und 17. Armee zum Angriff an. Es begann die »Hundert-Tage-Schlacht«. Bis zum 2. September gerieten die deutschen Verbände immer stärker unter Druck, sodass Ludendorff sich gezwungen sah, der 9. Armee die am 31. August erbetene und von ihm zunächst abgelehnte Rückverlegung auf die Siegfriedstellung zu erlauben. Am Abend des 2. September befahl die OHL der Heeresgruppe Boehn, in einem ersten Schritt in die Linie Nurlu–Tincourt–Ham–Chauny und 24 oder 48 Stunden später in die Siegfriedstellung zurückzukehren. Die Heeresgruppe Kronprinz Rupprecht sollte mit der 17. Armee auf die Linie Sailly–en Ostrevent–Arleur–Marquion–Kanalstellung zurückgehen, die Linie Aubigny–Bourlon-Wald–Marcoing ausbauen sowie eine Stellung von Havrincourt nach Gouzeaucourt zum Anschluss an die Siegfriedstellung im Bereich der Heeresgruppe Boehn herstellen. Die Heeresgruppe Deutscher Kronprinz sollte mit der 7. Armee bis zum 4. September in die Aisne-Stellung und den Romain-Riegel zurückgehen.

Obwohl eine Masse an Material und Gerät mitgenommen werden musste, glückte der anfänglich vom Gegner nicht bemerkte Rückzug. Am 7. September hatten die deutschen Truppen wieder annähernd die Stellungen erreicht, aus denen sie im Frühjahr 1918 angegriffen hatten. Während an anderen Frontabschnitten im Westen die Kämpfe im September abflauten, griffen nun die materiell und personell weit überlegenen amerikanischen Verbände am 12. September in einer Zangenoperation den Frontbogen bei St. Mihiel an. Zwar war die OHL über die amerikanischen Angriffsoperationen im Bilde, doch hatte Ludendorff eine Räumung des vorgeschobenen Frontbogens abgelehnt. Schon in den

US-Truppen feiern ihren Sieg in einer ehemals deutsch besetzten Ortschaft im Frontbogen von St. Mihiel: Ein deutsches Straßenschild wird durch das Schild »Wilson. USA« ersetzt, 12. September 1918.

ersten Stunden wurde die deutsche Verteidigung durchbrochen. Am Ende der Schlacht hatten die Deutschen 17 000 Mann, davon mindestens 13 000 Gefangene, und über 150 Geschütze sowie beträchtliches Kriegsmaterial verloren.

Durch ihre Offensiven der letzten Wochen hatten die alliierten Truppen die deutschen Verbände auf ihre Ausgangsstellungen des Frühjahrs 1918 zurückgeworfen und wie im Falle des Frontbogens von St. Mihiel exponierte deutsche Frontabschnitte erobert. Die amerikanische Unterstützung zeigte deutlich Wirkung. Die hohen materiellen Verluste der letzten Monate ersetzte die Entente dank ihrer größeren Industriekapazitäten schneller als das Kaiserreich. In bestimmten Bereichen, etwa bei der Tank- und Flugzeugproduktion, war die Überlegenheit der Entente im Sommer 1918 geradezu erdrückend. So standen den alliierten Tanks gerade einmal um die 20 deutsche Kampfwagen gegenüber.

Im personellen Bereich waren die Unterschiede besonders schwerwiegend. Während das Kaiserreich aufgrund der schlechten Ersatzlage die großen Verluste seiner Offensiven nicht ausgleichen konnte, war die Entente nicht nur in der Lage, ihre über 450 000 Gefallenen der letzten Monate durch neue amerikanische Soldaten zu ersetzen, sondern konnte auch das personelle Kräfteverhältnis kontinuierlich zu ihren Gunsten verschieben. Besonders gravierend war auf deutscher Seite allerdings, dass der Widerstandswille und der Kampfgeist der Soldaten nachließen. Der hohe Anteil der Vermissten und Gefangenen an den Gesamtverlusten der Augustkämpfe ist ein Beleg dafür und wurde von der OHL auch so gewertet.

In den folgenden Wochen verschlechterte sich Deutschlands militärische Lage gravierend. Ohne Unterbrechung griff die Entente an. Die deutschen Truppen erlitten besonders wegen fehlender Panzerabwehrwaffen schwere Verluste. Foch plante nun durch einen Angriff an allen Fronten die Mittelmächte im September 1918 entscheidend zu schlagen. Seine Strategie trug Früchte. Noch während die Entente sich an der Westfront umgruppierte, begann der Angriff auf dem Balkan und in Palästina. Am 14. September durchstießen alliierte Verbände die Salonikifront, und am 19. September zerbrach unter dem britischen Angriff die Palästinafront der Osmanen. Die türkischen und bulgarischen Verbände befanden sich überall auf der Flucht. Auch die wenigen dort eingesetzten deutschen Truppen konnten den Zusammenbruch dieser Fronten nicht verhindern.

Wenige Tage später durchbrachen alliierte Verbände an der Westfront auf breiter Linie die Siegfriedstellung. Ein unaufhörlicher Rückzug setzte nun ein, der am 11. November, dem Tag des Waffenstillstandes, in der Antwerpen-Maas-Stellung endete. Der Aderlass der deutschen Armeen war immens. Laut Kuhl verlor das deutsche Heer von Juli bis November 1918 noch einmal 760 000 Mann. Oberst Max Bauer zufolge standen Ende September nur noch etwa 750 000 Mann an der Front. Anfang November verfügten viele Bataillone nur noch über eine Kampfstärke von ca. 150 Mann.

Abschließend ist festzuhalten, dass in den letzten Kriegsmonaten bei der deutschen Abwehr zwei Grundgedanken eine maßgebliche Rolle spielten, die schwer miteinander zu vereinen waren: zum einen der Kampf um Geländebesitz, sprich hartnäckige Verteidigung, zum

Verluste des deutschen Westheeres März–September 1918

Nach einer Zusammenstellung der Obersten Heeresleitung aufgrund der von den Armeen eingereichten 10-täglichen Meldungen.

	gefallen	vermisst	verwundet	gesamt
März	33 000 (31 400)	25 600 (19 700)	153 000 (180 900)	211 600 (232 000)
April	36 800 (36 200)	19 400 (17 700)	156 100 (180 400)	212 300 (244 300)
Mai	21 600 (16 000)	10 800 (6 800)	88 400 (115 100)	120 800 (138 500)
Juni	22 900 (20 400)	17 700 (13 400)	103 300 (129 600)	143 900 (163 400)
Juli	24 500 (20 300)	52 500 (42 800)	114 500 (132 000)	191 500 (195 100)
August	21 000	110 000	97 000	228 000
September	21 200	119 000	96 200	236 200
Zusammen	181 000	355 000	808 300	1 344 300

In Klammern: Nachkriegsforschungen »Sanitätsbericht über das deutsche Heer« Band III, S. 143.

Quelle: Bundesarchiv, Der Weltkrieg 1914–1918, Bd. 14, Beilage 36b.

anderen das rechtzeitige Ausweichen bzw. Rückziehen der Truppen zur Erhaltung der Kampfkraft.

Seitdem das Deutsche Reich Anfang Oktober um einen Waffenstillstand gebeten hatte, wurde der Rückzug an der Westfront zum politisch-militärischen Drahtseilakt. Denn man versuchte nun, durch das Vortäuschen militärischer Stärke einen »milden« Waffenstillstand bzw. Friedensvertrag zu erzwingen. Bemerkenswert ist zudem, dass der Entente kein Durchbruch oder gar die Vernichtung von Teilen des Heeres gelang. Es blieb bei rein frontalem Zurückdrängen der deutschen Front von Stellung zu Stellung, sicherlich unter erheblichen Verlusten bis hin zur fast völligen Erschöpfung der deutschen Armee.

Ludendorff reagierte seit dem französischen Gegenangriff an der Marne immer gereizter auf seine unmittelbare Umgebung. Seine Kriegszielvorstellungen und der Wahn, ein Siegfrieden sei weiterhin möglich, ließen eine rationale militärische Beurteilung der Lage nicht mehr zu. Wunschvorstellungen und Optimismus auf der einen und ein gewaltiger Aktionismus auf der anderen Seite charakterisierten sein

Handeln seit Ende Juli 1918. Kritik oder Informationen, die seinen politischen Vorstellungen nicht entsprachen, wollte er nicht mehr hören. Er schob alle Schuld am Scheitern der Offensive auf andere, besonders auf die Führung der Heeresgruppen und der Armeen. Langsam setzte eine gewisse Entfremdung zwischen Ludendorff und seinem Stab ein. Wetzell, seinen langjährigen Chef der Operationsabteilung, ersetzte er am 7. September durch Major Joachim von Stülpnagel. Gleichzeitig unterstellte er zu seiner Entlastung die Operationsabteilung Oberst Wilhelm Heye.

Im Gegensatz zu Hindenburg, der ruhig und gelassen auf die militärische Krise reagierte, geriet Ludendorff schließlich an den Rand eines Nervenzusammenbruchs und musste sich in ärztliche Behandlung begeben. Sein Gesundheitszustand und die Tatsache, dass er die militärischen und politischen Realitäten immer mehr verdrängte, wurden von den Abteilungsleitern der OHL sehr wohl registriert. Die Aufforderung Heyes am 25. September, die Reichsleitung über die aussichtslose Lage zu informieren und endlich Friedensbemühungen einzuleiten, wiegelte er mit der falschen Begründung ab, Hintze sei informiert und wisse, was zu tun sei. Ebenso wie Adolf Hitler es 1944/1945 tun würde, verstieg sich Ludendorff immer häufiger in Wunschvorstellungen. Meldungen, die eine plötzliche Schwäche der Entente versprachen, nahmen in seinen Planungen einen hohen Stellenwert ein. Die Nachricht, in der französischen Armee sei die Lungenpest ausgebrochen, stimmte ihn geradezu euphorisch. Umso tiefer war die Depression, als der Generalstabsarzt erklärte, es handele sich nur um die Spanische Grippe. Völlig erschüttert erklärte daraufhin Ludendorff: »Ich habe

Konteradmiral von Hintze, von 9. Juli bis 7. Oktober 1918 Staatssekretär des Äußeren (Außenminister)

Zerstörter und verlassener Schützengraben

mich an diese Nachricht geklammert wie ein Ertrinkender an einen Strohhalm.«

Ludendorffs Reaktion veranlasste Heye und einige Abteilungsleiter der OHL, den Bevollmächtigten der Reichsleitung bei der OHL, Kurt Freiherr von Lersner, aufzufordern, Hintze über die aussichtslose Lage zu informieren und ihn dringend ins Hauptquartier zu bitten. Als Erklärung für diesen sehr ungewöhnlichen Schritt gab Oberst Hermann Mertz von Quirnheim an: »Exzellenz hat wohl noch die Verzweiflung, zu kämpfen, aber nicht den Mut, ein Ende zu machen. Er wird diese Barriere nicht nehmen, wenn er nicht gezwungen wird.« Ludendorff forderte unter dem nachhaltigen Druck seiner Abteilungsleiter Hintze, nach Rücksprache mit Hindenburg, am 29. September endlich unmissverständlich auf, Waffenstillstandsverhandlungen und eine Parlamentarisierung der Regierung einzuleiten. Davon und von der Bildung einer neuen Reichsregierung erhoffte er sich bessere Verhandlungsmöglichkeiten.

Die Forderung nach sofortigem Waffenstillstand traf nicht nur die Reichsleitung, sondern auch die Marineführung völlig unerwartet und erschütterte sie zutiefst. Der Euphorie des Frühjahrs und des Sommers folgte nun die Depression des Herbstes 1918. Beispielhaft für die Schockwirkung dieser Entwicklung stehen die Worte des Vizekanzlers Friedrich von Payer:

> Ich erinnere an die Stimmung des Sommers. Kein Mensch hat daran gezweifelt, dass wir schließlich als Sieger aus dem Krieg hervorgehen könnten. Aber der Krieg war dem Volke sehr verleidet, und die Stimmung war deshalb schlecht; aber trotzdem dachte niemand daran, dass wir zugrunde gehen würden.

Hintze hatte sofort nach der Nachricht Lersners die Parlamentarisierung der Reichsregierung eingeleitet, um mit der »Revolution von oben« die »Revolution von unten« zu verhindern. Folgerichtig trat Reichskanzler Georg von Hertling am 30. September zurück. Unter Prinz Max von Baden wurde am 3. Oktober eine neue Regierung gebildet, an der die Parteien des Reichstages maßgeblichen Anteil hatten. Der entscheidende Schritt von der konstitutionellen zur parlamentarischen Monarchie war vollzogen. Unter dauerndem Drängen der OHL, die stündlich mit dem Zusammenbruch der Front drohte, blieb der neuen Regierung freilich keine Zeit, sich zu etablieren und Friedensbemühungen einzuleiten. In der Nacht zum 3. Oktober ersuchte sie den amerikanischen Präsidenten Woodrow Wilson auf der Grundlage seines 14-Punkte-Programms um einen sofortigen Waffenstillstand.

Woodrow Wilson, Präsident der Vereinigten Staaten

Während in den folgenden Wochen die neue Reichsregierung in mehreren Notenwechseln mit Wilson versuchte, annehmbare Waffenstillstandsbedingungen auszuhandeln, begann die Seekriegsleitung, eigene Pläne zu schmieden. Im Glauben, dass zwar das Heer, nicht aber die Marine einen Waffenstillstand benötige, wollte sie unter keinen Umständen die Hochseeflotte kampflos den Engländern ausliefern. Nachdem das Kaiserreich die Bedenken der Marine missachtet und als Vorleistung für einen Waffenstillstand den uneingeschränkten U-Boot-Krieg eingestellt hatte, entschied sich die Seekriegsleitung zu einem letzten Flottenvorstoß in die Nordsee. Weder der Kaiser noch die Reichsleitung wurden informiert. Ludendorff, der als Einziger vom Chef der Seekriegsleitung Admiral Reinhard Scheer über das geplante Unternehmen informiert worden war, billigte den Vorstoß. Er sollte ein Fanal zur Ehrenrettung und Zukunftssicherung der Kaiserlichen Marine werden, aus dem sie wie Phönix aus der Asche auferstehen wollte. Die Mannschaften der Hochseeflotte waren aber Ende Oktober 1918 nicht mehr bereit, für die Ehrvorstellungen ihrer Offiziere zu sterben. Aus ihrer Meuterei entwickelte sich wenige Tage später die Novemberrevolution.

9. November: Demonstrationszug auf der Straße Unter den Linden an der Ecke Oberwallstraße

Am 9. November 1918 ruft Philipp Scheidemann die Republik aus. Das Bild zeigt ihn bei einer Ansprache von einem Fenster in der Reichskanzlei in der Wilhelmstraße, Berlin.

»Auf der Flucht«: Spottkarte auf den früheren Kaiser Wilhelm II. als Reisenden

Unterzeichnung des Waffenstillstands in einem Eisenbahnwagen im Wald von Compiègne am 11. November. Französische Bildpostkarte (Farbdruck nach Gemälde), um 1918

Die harten Bedingungen, die Wilson in den nächsten Wochen für einen Waffenstillstand stellte, stießen bei der OHL auf helle Empörung. Plötzlich forderte Ludendorff doch wieder den Kampf bis zum Äußersten, denn er sah die Chance einer erfolgreichen Abwehrmaßnahme. Der Gedanke einer umfassenden deutschen Wehrpflichteinführung nach dem Vorbild der Französischen Revolution (*levée en masse*) geisterte ebenso wie ein möglicher Heldentod des Kaisers im Felde durch die Köpfe führender Offiziere. Offenkundig hatten sie jeden Bezug zur Realität des Kaiserreiches verloren.

Ludendorff attackierte nun die von ihm initiierte Regierung als unfähig, da sie Thron und Vaterland in Gefahr bringe, und forderte den Abbruch der Waffenstillstandsverhandlungen. Die neue Reichsregierung sah aufgrund der innenpolitischen Lage aber keine Chance, den Kampf fortzusetzen, und setzte am 26. Oktober beim Kaiser die Entlassung Ludendorffs durch. Hindenburg verblieb dagegen im Amt. Ludendorffs Nachfolger wurde General Wilhelm Groener.

Der Kaiser, der schon seit Monaten passiv abgewartet und blind der OHL vertraut hatte, war nicht in der Lage, die politische Führung zu übernehmen. Stattdessen ließ er die schwierige Situation treiben und suchte im belgischen Spa bei seinen Offizieren Schutz. Ausgehend von den Schiffen der Hochseeflotte breitete sich seit dem 4. November eine spontane Revolution in Deutschland aus. Ohnmächtig, regungslos und fast widerstandslos kapitulierte die Obrigkeit vor den Aufständischen. Der Kaiser ging ins Exil in die Niederlande, sodass Philipp Scheidemann am 9. November die Republik ausrufen konnte. Am 11. November 1918 unterzeichnete Deutschland den Waffenstillstand in Compiègne und am 28. Juni 1919 den von vielen Deutschen als »Schandvertrag« bezeichneten Friedensvertrag von Versailles.

↗ **Kriegsteilnehmer der 1. Gardeinfanteriedivision bei einem Treffen in Potsdam. Über der Straße ein Transparent mit der Aufschrift »Im Felde unbesiegt«, 1923**

7 Die Dolchstoßlegende

»Kein Feind hat euch überwunden! Erst als die Übermacht der Gegner an Menschen und Material immer drückender wurde, haben wir den Kampf aufgegeben.« Diese Worte rief Friedrich Ebert, der Vorsitzende der SPD und des Rates der Volksbeauftragten, am 10. Dezember 1918 den heimkehrenden Truppen bei ihrem Marsch durch das Brandenburger Tor zu. Auch wenn Ebert die Worte »im Felde unbesiegt« nicht direkt in den Mund nahm, sprach er aus, was viele Deutsche in diesen revolutionären Tagen in Deutschland dachten. Aber wenn die Truppen vom Feind nicht besiegt worden waren, wer hatte sie dann besiegt? Warum hatten sie und Deutschland den Krieg verloren?

Begrüßung der von der Front heimkehrenden Soldaten auf dem Pariser Platz. Links auf der Tribüne steht Reichskanzler und Vorsitzender des Rates der Volksbeauftragten Friederich Ebert (SPD).

Deutschnationale Kreise wussten darauf eine einfache Antwort. Die Heimat habe die Front nicht nur im Stich gelassen, im entscheidenden Moment sei sie ihr sogar in den Rücken gefallen. Ein Beleg für diese Behauptung war schnell gefunden. Am 17. Dezember 1918 veröffentlichte die *Neue Zürcher Zeitung* eine anonyme Zusammenfassung zweier Zeitungsartikel des englischen Generals Sir Frederick Maurice über den Zusammenbruch der deutschen Armee, die mit den Sätzen endete: »Was die deutsche Armee betrifft, so kann die allgemeine Ansicht in das Wort zusammengefasst werden: Sie wurde von der Zivilbevölkerung von hinten erdolcht.« Der Text erweckte gegenüber dem Leser den irrigen

Ankunft von Hindenburg und Ludendorff in Zivil unter großer Anteilnahme der Bevölkerung, um vor dem Untersuchungsausschuss der Nationalversammlung im Reichstag auszusagen

Eindruck, nicht der unbekannte Journalist, sondern der britische General habe diese Worte gesprochen. Zwar bestritt Maurice vehement, eine solche Aussage gemacht zu haben, aber die Tatsache, dass ein ehemaliger Kriegsgegner sich die deutsche Niederlage nur durch den Verrat der Heimat an der Front erklären konnte, war Wasser auf die Mühlen derer, die in den nächsten Monaten und Jahren den »Linken« in Deutschland vorwarfen, sie und nicht das Militär hätten die Niederlage verschuldet. Sie hätten der heldenhaft kämpfenden Front mit ihren revolutionären Umtrieben den Dolch in den Rücken gestoßen. Endgültig ins deutsche Bewusstsein eingeschrieben wurde die »Dolchstoßlegende«, der wohl wirkmächtigste Geschichtsmythos des 20. Jahrhunderts, durch die 3. OHL knapp ein Jahr später selbst.

Am 18. November 1919 betrat Hindenburg zum ersten Mal in seinem Leben den Reichstag, um vor dem Untersuchungsausschuss der Verfassungsgebenden Nationalversammlung zum Kriegsende auszusagen. Dort verlas er, ohne auf die konkreten Fragen des Vorsitzenden einzugehen, eine grundsätzliche Stellungnahme zur Frage der Kriegführung und zum Kriegsausgang. Unmissverständlich gab er zu Protokoll, weder die politische noch gar die militärische Führung des Kaiserreichs seien verantwortlich oder trügen Schuld an der Niederlage. Die Heimat sei vielmehr der Front in den Rücken gefallen. Heimlich und planmäßig habe eine revolutionäre Zersetzung von Heer und Flotte stattgefunden. Das Heer sei aber »im Felde unbesiegt«. Zwar sprach er das Wort nicht aus, doch der auf der Fahrt zum Reichstag von einer großen Menschenmenge umjubelte Hindenburg erklärte unter Bezug auf den Artikel der *Neuen Zürcher Zeitung* sinngemäß, Deutschland habe den Krieg durch Verrat verloren. Schuld an der Niederlage trügen Teile des eigenen Volkes. Einige Parteien und besonders die »Linke« hätten den Widerstandswillen der Heimat erschüttert und seien der Armee in den Rücken gefallen. »Die deutsche Armee ist von hinten erdolcht worden.«

Die von Ludendorff und dem deutschnationalen Politiker Karl Helfferich ausgearbeitete Stellungnahme erfüllte ihren Zweck. Der von vielen Deutschen als einzige Autorität noch akzeptierte »Ersatzkaiser« hatte gesprochen – und zahlreiche Menschen glaubten ihm. Die Behauptung, ein Dolchstoß in den Rücken der tapfer kämpfenden Frontsoldaten habe die Niederlage verschuldet, hatte durch Hindenburg quasi die heiligen Weihen erhalten. Die Erklärung Hindenburgs war der vorläufige Höhepunkt der Kampagne, mit der die Schuld an der Niederlage der »Linken« zugeschoben werden sollte.

Ludendorff hatte diese Argumentation schon früh vorgegeben. Seit er erkannt hatte, dass der Krieg nicht mehr zu gewinnen war, hatte er gezielt Nachkriegspolitik betrieben. Er verfolgte dabei zwei Ziele. Zum einen wollte er das Heer intakt und damit als innenpolitischen Machtfaktor erhalten, zum anderen wollte er die Schuld an der Niederlage der »Linken« in Deutschland in die Schuhe schieben. Die sofortige Waffenstillstandsforderung bot ihm die Möglichkeit, der Armee die Schmach der Niederlage zu ersparen und sie als »im Felde unbesiegt« darzustellen. Ihre Forderung nach der Parlamentarisierung der Reichsregierung zwang die SPD sowohl in die Verantwortung für den Waffenstillstand als auch für die Niederlage. Die innenpolitische Stoßrichtung Ludendorffs war offensichtlich. Nicht das Heer und schon gar nicht die OHL,

Das Wahlplakat der DNVP nutzt den »Dolchstoß« zu Angriffen gegen die SPD und andere demokratische Parteien, um deutschnationale Bürger als Wähler zu gewinnen.

sprich: er selbst, hatten den Krieg verloren und die Niederlage zu verantworten. Ohne die feige »Linke«, die das Heer im Kampfe im Stich gelassen und ihm sogar den Dolch in den Rücken gestoßen hatte, wäre der Krieg gewonnen worden.

Gegenüber seinen Generalstabsoffizieren in der OHL sprach Ludendorff am 1. Oktober 1918 seine Gedanken offen aus:

> Ich habe aber S. M. [Seine Majestät] gebeten, jetzt auch diejenigen Kreise an die Regierung zu bringen, denen wir es in der Hauptsache zu danken haben, dass wir so weit gekommen sind. Wir werden also diese Herren jetzt in die Ministerien einziehen sehen. Die sollen nun den Frieden schließen, der jetzt geschlossen werden muss. Sie sollen die Suppe essen, die sie uns jetzt eingebrockt haben.

Damit stahl sich Ludendorff aus der Verantwortung und legte die Grundlage für die Dolchstoßlegende.

Wie konnte aber die Behauptung, die »im Felde unbesiegten« deutschen Streitkräfte hätten wegen des mangelnden Rückhalts bei einigen Parteien und wegen revolutionärer linker Umtriebe den Krieg verloren, überhaupt bei so vielen Deutschen auf so fruchtbaren Boden fallen? Zur Beantwortung dieser Frage ist vorab zu klären, wie gut die deutsche Bevölkerung und die Politiker über die militärische Lage informiert waren. Die Deutschen nämlich lebten im Herbst 1918 in dem Glauben, der Sieg sei nur noch eine Frage der Zeit. Seit Anfang des Jahres hatten die Siegesfanfaren die kritische Stimmung der vergangenen Monate vertrieben. Überall verkündete die OHL nur Erfolge. Endlich war Russland besiegt. Die schwierige Ernährungslage würde dank des zukünftig reichlich zur Verfügung stehenden Getreides aus der Ukraine beseitigt werden. Zudem setzten die deutschen U-Boote dem alliierten Schiffsverkehr stark zu. Begeistert wurde die erfolgreiche Rückkehr des 1916 zum Kaperkrieg ausgelaufenen Hilfskreuzers »Wolf« im Februar 1918 gefeiert. Mit klingendem Spiel marschierte die Besatzung unter großem Jubel der Berliner über die Prachtstraße Unter den Linden. Die offensichtlich großen Geländegewinne der deutschen Frühjahrsoffensiven stellten diese Erfolge noch in den Schatten, standen die deutschen Truppen doch im Juli vor den Toren von Paris. Ein Wunderwerk der Technik, das Paris-Geschütz mit einer Reichweite von fast 130 Kilometern, beschoss aus sicherer Entfernung die französische Hauptstadt. Alles, aber auch *alles* deutete in den Augen der Bevölkerung im Sommer 1918 auf den in Kürze zu erwartenden Sieg hin.

In diese Euphorie schlug die Nachricht von dem bevorstehenden Waffenstillstand wie eine Bombe ein. Totenblass und sprachlos, so Prinz Max von Baden, sei Ebert gewesen, als den Parteiführern durch die OHL am 2. Oktober reiner Wein über die Lage eingeschenkt wurde. Der Minister von Waldow soll den Saal mit den Worten verlassen haben: »Jetzt bliebe ja nur übrig, sich eine Kugel durch den Kopf zu schießen.« Aber nicht nur für viele Politiker, auch für die Chefs der OHL brach eine Welt zusammen, nachdem ihnen Ludendorff einen Tag zuvor erklärt hatte, »die OHL und das deutsche Heer seien am Ende, der Krieg sei nicht mehr zu gewinnen, vielmehr stehe die endgültige Niederlage wohl unvermeidbar bevor.«

Thaer schildert den Schock, den Ludendorffs Ausführungen in der OHL auslösten:

Die Mannschaft des Hilfskreuzers SMS Wolf zieht nach erfolgreicher Rückkehr durch das Brandenburger Tor. Solche Inszenierungen stärkten auch noch 1918 den Glauben an den Sieg.

> Die Wirkung dieser Worte auf die Hörer war *unbeschreiblich!* Während L. [Ludendorff] sprach, hörte man leises Stöhnen und Schluchzen, vielen, wohl den meisten liefen unwillkürlich die Tränen über die Backen. Ich stand links neben dem Generaladjutanten Gen. v. Eisenhart. Unwillkürlich hatten wir uns an der Hand gefasst. Ich habe seine fast kaputtgedrückt.

Wenn selbst Spitzenmilitärs der OHL angesichts der Offenbarungen Ludendorffs in Tränen ausbrachen, wie musste die Bevölkerung, die jahrelang durch die Pressemitteilungen der OHL in ihrem Optimismus bestärkt worden war, auf die so unerwartete Entwicklung reagieren? Einen Vorgeschmack auf das zu erwartende Erdbeben in der Bevölkerung gab ein Redakteur der *Coburger Zeitung*, als er noch am 6. Oktober unter der Überschrift »In schweren Tagen« schrieb: »Nicht einen Augenblick kann uns der Gedanke kommen, dass wir unterliegen könnten. Das darf nicht sein, das kann nicht sein, das wird nicht sein.«

Der völlig unvorbereiteten deutschen Bevölkerung waren die Vorgänge innerhalb der OHL, der Seekriegsleitung und der Reichsleitung nicht bekannt. Jahrelang durch die Pressemitteilungen der OHL im Glauben gehalten, der Sieg sei nur noch eine Frage der Zeit, kam für sie die Nachricht der Unterzeichnung des Waffenstillstandes vollkommen überraschend. Dies konnte für viele Deutsche nicht mit rechten Dingen zugegangen sein. Verrat wurde zum geflügelten Wort. Mit Spekulationen, Hypothesen und abstrusen Erklärungsmodellen versuchte man, das Unfassbare zu verstehen. Die Dolchstoßlegende, verbunden mit dem Schlagwort »im Felde unbesiegt«, bot vielen Deutschen letztlich eine befriedigende Erklärung. Nicht sie selbst und auch nicht die alten Eliten hatten versagt, sondern die Linken hatten der Front den Dolch in den Rücken gestoßen.

Die Erkenntnis, die militärische und wirtschaftliche Machtbasis des Kaiserreiches habe für den Sieg nicht ausgereicht, wurde bewusst oder unbewusst verdrängt. Wie im *Nibelungenlied* schien das deutsche Heer nicht mit offenem Visier im ehrlichen Kampf, sondern durch Verrat aus den eigenen Reihen besiegt worden zu sein. Wie Siegfried, der wohl deutscheste aller Helden, musste es einem feigen Dolchstoß in den Rücken zum Opfer gefallen sein; eine literarische Parallele, die Hindenburg in seinen Memoiren 1920 bewusst aufgriff:

Siegfried, der Inbegriff des deutschen Helden, wurde durch Verrat hinterrücks ermordet. (Gemälde von Julius Schnorr von Carolsfeld)

> Wie Siegfried unter dem hinterlistigen Speerwurf des grimmigen Hagen, so stürzte unsere ermattete Front; vergebens hatte sie versucht, aus dem versiegenden Quell der heimatlichen Kraft neues Leben zu trinken.

Um die Wirkung und das Phänomen »Dolchstoßlegende« wirklich zu verstehen, genügt es jedoch nicht, nur die militärische Lage und die Fehler der militärischen Führung zu analysieren. Ein Blick auf die deutsche »Kriegsgesellschaft« zeigt noch einen weiteren Befund. Während in Frankreich im Krieg alles dem Ziel untergeordnet worden war, die Deutschen aus dem eigenen Land zu vertreiben, stand im Kaiserreich die Beteiligung am Krieg von Anfang an unter einem großen Legitimationsdruck. Schließlich hatte Deutschland seine Nachbarn angegriffen. Obschon der Krieg allgemein als notwendige Maßnahme gegen eine vermeintliche Einkreisung des Kaiserreichs galt und daher akzeptiert wurde, fand er eben nicht greifbar auf deutschem Boden statt. Zudem war die Verteidigung einer Großmachtstellung oder das Erringen des »Platzes an der Sonne« im Laufe des Krieges angesichts der mit ihr verbundenen Einschränkungen und Verlustzahlen kaum noch vermittelbar.

Auffällig ist, dass die nationale Solidarität und der Wille zur Verteidigung zumindest in Teilen regelrecht erkauft werden mussten, indem man der SPD 1914 Steuerreformen zusagte oder in der bereits erwähnten Osterbotschaft von 1917 das Dreiklassenwahlrecht abzuschaffen versprach. Dies belegt ebenso wie die immer wieder aufflammende Diskussion über die Frage, wer mehr Opfer für den Krieg bringe, dass die von Nationalkonservativen erhoffte Entstehung einer Volksgemeinschaft eine Illusion war – ganz zu schweigen davon, dass sich die Unabhängige Sozialdemokratische Partei Deutschlands (USPD) und der Spartakusbund, eine Vereinigung marxistischer Sozialisten in Deutschland, seit 1917 vehement gegen eine Weiterführung des Krieges aussprachen.

Den Soldaten an der Front blieb diese Entwicklung nicht verborgen. Generalmajor Hans von Seeckt brachte das Gefühl der Soldaten, von der Heimat im Stich gelassen zu werden, schon im Sommer 1917 mit den Worten auf den Punkt: »Wozu fechten wir eigentlich? Die Heimat ist uns in den Rücken gefallen, und damit ist der Krieg verloren.« Ungeachtet dieser Gefühle der Frontsoldaten hatten die Mittelmächte im Herbst 1918 wegen ihrer katastrophalen personellen und materiellen Lage den Krieg endgültig verloren.

Näher kamen sich Heimat und Front erst, als im Juni 1919 die Bestimmungen des Versailler Friedensvertrags bekannt wurden. Nicht nur in konservativen, auch in linksliberalen Kreisen empfand man den Artikel des Vertrages als unerträglich, in dem Deutschland eingestehen musste, die alleinige Schuld am Krieg zu tragen. Hätte man im November 1918 gewusst, bekannte Conrad Haussmann, Mitbegründer der linksliberalen Deutschen Demokratischen Partei, gegenüber dem amerikanischen Präsidenten Woodrow Wilson am Rande der Vertragsverhandlungen in Versailles, »dass der Frieden so aussähe, dann würde [...] unser Heer die Waffen nicht niedergelegt und die Arbeiter würden ausgeharrt haben.«

Das Entsetzen und die Wut über den von vielen Deutschen als Schanddiktat empfundenen Versailler Friedensvertrag gab den Verfechtern des »Dolchstoßes der Heimat« gewaltigen Auftrieb, zumal die

Friedenskonferenz in Versailles. Der deutsche Delegationsleiter Ulrich Graf Brockdorff-Rantzau erhält die Friedensbedingungen der Alliierten. (7. Mai 1919, *Le Petit Journal*)

Lichtgestalt der Konservativen, der spätere Reichspräsident Hindenburg, ja offiziell im Reichstag den Vorwurf bestätigt hatte. Die deutsche Rechte nutzte in den folgenden Jahren Hindenburgs Verdikt rücksichtslos für den politischen Kampf in der Weimarer Republik aus. Sie machte

»Nieder mit dem Gewaltfrieden!« – Massendemonstration im Berliner Lustgarten gegen den Versailler Vertrag

nicht nur die USPD und den Spartakusbund, sondern auch die SPD für alles verantwortlich. Obwohl in den folgenden Jahren mehrere Gutachter vor dem Reichstagsuntersuchungsausschuss die SPD von aller Schuld freisprachen, hielt die politische Rechte ihren Vorwurf aufrecht. Über Jahre tobte nun ein regelrechter Pressekrieg zwischen linken und rechten Zeitungen über diese Frage.

Neben einigen anderen Prozessen führte das 1924 zum sogenannten »Dolchstoßprozess« in München. Paul Cossmann, Herausgeber der *Süddeutschen Monatshefte*, der mit den sogenannten Dolchstoßheften immer wieder die Sozialdemokratie als Vaterlandsverräter gebrandmarkt hatte, hatte den Chefredakteur der sozialdemokratischen *Münchner Post*, Martin Gruber, wegen Beleidigung und übler Nachrede verklagt. Gruber nämlich hatte ihm vorgeworfen, mit der Verbreitung der Dolchstoßlegende die Geschichte zu verfälschen. Unter großem Inter-

Titelblatt *Süddeutsche Monatshefte*

esse der Öffentlichkeit hörte das Gericht eine große Anzahl von Zeugen beider Parteien zu den Ursachen der Niederlage. Am Ende hielt das Gericht ausdrücklich fest, es habe von Kräften des Spartakus und der USPD gesteuerte revolutionäre Umtriebe gegen die Front gegeben. Gruber wurde wegen Beleidigung verurteilt. Gleichzeitig führte der Richter aber aus, die Darstellung der Dolchstoßhefte sei »teilweise irrig und unrichtig«.

Nach der Urteilsverkündung empfanden sich Befürworter wie Gegner der Dolchstoßthese als Sieger. Rechte Blätter sahen die Dolchstoßtheorie richterlich bestätigt, linke und liberale Zeitungen erklärten dagegen, es gebe eben nur eine Dolchstoß*legende*. Festzuhalten gilt, dass General Groener im Verlauf des Prozesses unter anderem den Groener-Ebert-Pakt offenlegte und somit die »staatserhaltende Zusammenarbeit« der SPD mit der OHL bestätigte. Zudem mussten Ludendorff und andere hohe Militärs im Zuge des Prozesses zumindest eingestehen, dass das deutsche Heer ab dem Sommer 1918 den Sieg nicht mehr hätte erringen können und ein »anständiger Frieden« ausgehandelt werden musste.

Letztlich aber war Ludendorffs innenpolitische Strategie aufgegangen. Trotz parlamentarischer Untersuchungen und Gerichtsprozessen glaubten viele Deutsche nach 1918, nicht der Kaiser und die OHL hätten versagt, sondern die Linke sei der kämpfenden Front in den Rücken gefallen. Ohne deren Verrat hätte Deutschland den Sieg errungen. Diese Überzeugung und die harten Friedensbedingungen von Versailles beschädigten das Fundament der Weimarer Republik unwiderruflich und bereiteten unter anderem der Machtübernahme der Nationalsozialisten den Weg. Letztere griffen den Kampfbegriff Dolchstoß im Zusammen-

Nr. 571 ♦ 41. Jahrgang

Ausgabe A Nr. 290

Bezugspreis:

Der „Vorwärts" mit der Sonntagsbeilage „Volk und Zeit" mit „Siedlung und Kleingarten" sowie der Unterhaltungsbeilage „Heimwelt" und Frauenbeilage „Frauenstimme" erscheint wochentäglich zweimal, Sonntags und Montags einmal.

Telegramm-Adresse: „Sozialdemokrat Berlin"

Morgenausgabe

Vorwärts

Berliner Volksblatt

Zentralorgan der Sozialdemokratischen Partei Deutschlands

10 Goldpfennig

Anzeigenpreise

Redaktion und Verlag: SW 68, Lindenstraße 3

Donnerstag, den 4. Dezember 1924

Vorwärts-Verlag G.m.b.H., SW 68, Lindenstr. 3

Neues zur Dolchstoßlegende.

Ergebnisse der parlamentarischen Untersuchung.

Durch die aufsehenerregende Rede des Prof. Hans Delbrück ist das öffentliche Interesse neuerdings auf den parlamentarischen Untersuchungsausschuß des Reichstags gelenkt worden, der sich mit der Dolchstoßlegende zu beschäftigen hatte. Seine Verhandlungen waren im März d. J. abgeschlossen, eine Veröffentlichung ist bisher aus unbegreiflichen Gründen nicht erfolgt. Jedenfalls war ihre bisherige Geheimhaltung für die Nutznießer der Dolchstoßlüge ein großer Vorteil. In der Publikation sollen die Gutachten veröffentlicht werden, die von den Sachverständigen eidlich abgegeben waren. Zu diesen Sachverständigen gehörten neben Prof. Hans Delbrück auch der General v. Kuhl, der Chef der Heeresgruppe Kronprinz Rupprecht, der Oberst Schwerdtfeger, Oberst v. Stülpnagel, Amtsgerichtsrat Dr. Ludwig Herz u. a. m.

Ein Grund, die Verhandlungen des Ausschusses selbst und die Gutachten immer weiter noch als vertraulich zu behandeln, ist nicht mehr vorhanden, insbesondere, nachdem Delbrück selbst über sein Gutachten öffentlich berichtet hat. Wir lassen einen Auszug des Berichtes folgen:

General v. Kuhl

gibt in seinem Gutachten zunächst einen Ueberblick über die Ursachen des Zusammenbruchs und meint: „Keinesfalls ist es angängig, zu behaupten, der Krieg sei lediglich durch die Unterwühlung des Heeres und durch die Revolution verloren worden. Vieles mußte zusammenkommen, um das deutsche Volk trotz ungeheurer, in der Geschichte nie erreichter Leistungen, schließlich zu Fall zu bringen. Die Blockade mit ihrer verheerenden Wirkung hat an der Kraft unseres Volkes gezehrt, bis es nach heldenmütigem Kampfe erlahmte. Unserem erschöpften, bis zum äußersten Grade menschlicher Leistungsfähigkeit angespannten Heere fehlte der Ersatz. Es unterlag der außerordentlichen Ueberlegenheit des Feindes, nachdem die Amerikaner in ungeahnter Stärke auf dem westlichen Kriegsschauplatz erschienen waren. Der Zusammenbruch Bulgariens, der Türkei und schließlich Oesterreich-Ungarns raubte jede Hoffnung auf einen glücklichen Ausgang.... Die Behauptung, daß lediglich der Dolchstoß aus der Heimat uns des Sieges beraubt habe, läßt sich somit unter keinen Umständen aufrechterhalten."

Oberst Schwerdtfeger

weist auf einen von ihm am 2. Oktober 1921 im „Tag" veröffentlichten Artikel über den „Dolchstoß der Heimat" hin, in dem er sich zunächst über den Wert eines Schlagwortes verbreitet: „Schlagwörter sind immer höchst gefährlich. Nur zu oft setzen sie sich an die Stelle der Begriffe. Der Neigung der Massen zu schnellem, nicht vertieftem Urteil, sagen wir ruhig, der geistigen Indolenz, kommen sie in verhängnisvoller Weise entgegen. Gerade wo Begriffe fehlen, da stellt sich zur unrechten Zeit ein Schlagwort ein und wird um so begieriger aufgegriffen, je sensationeller es zugespitzt ist." Schwerdtfeger erklärt weiter: „Je mehr unter dem Drucke der Hungerblockade die Ernährungsverhältnisse Deutschlands sich verschlechterten, je höher die Not der Heimat stieg, um so stärker wurde auch die Rückwirkung dieser Verhältnisse, zumal bei den älteren Soldaten an der Front verspürt. Eine ganze Reihe von Faktoren hat mitgewirkt, ehe es schließlich so weit kam, daß die Mehrzahl der Frontkämpfer eine baldige Beendigung des Krieges als notwendig empfand." Als „verhängnisvoll" betrachtete er die Tatsache, daß man es unterlassen, „die wirkliche Gesamtlage dem ganzen deutschen Volke mit hinreichender Deutlichkeit zu schildern". „Das ist vielleicht die schwerste Unterlassungssünde des ganzen Krieges gewesen. Die Unklarheit über die Gesamtlage und über die von oben noch erstrebten Ziele war es, die den Keim der Zersetzung überall so üppig gedeihen ließ. Aber mit dem Augenblicke, wo jeder Zweifel daran schwand, daß es sich nur noch um die Erstreitung eines annehmbaren Friedens handele, wäre diese Gefahr behoben worden. Nur mußte der ganzen Nation der tiefe Ernst der Lage eindringlich klargemacht werden und zwar von der höchsten Stelle aus. Unvergleichlich wirkungsvoller wäre es gewesen, wenn schon nach dem Scheitern der Offensive bei Reims in der entscheidenden Sitzung vom 14. August in Gegenwart des Kaisers der Entschluß gefaßt worden wäre, der Nation volle Klarheit zu geben. Konnte man sich damals zu einem so weitgehenden Schritte noch nicht entschließen, so war ein Aufruf an Volk und Heer um die Mitte des Monats September, als der Zusammenbruch Bulgariens sich ankündigte, dringend geboten. Jedenfalls mußte er erfolgen, ehe die Nation gänzlich unvorbereitet mit der Notwendigkeit eines sofortigen Waffenstillstandsangebotes bekanntgemacht wurde. Der Weckruf blieb aus. Ueber ganz Deutschland wehte ein Hauch fatalistischer Ohnmacht, das Volk lebte nicht nur körperlich, sondern auch geistig von der Hand in den Mund. An die Stelle der einst so stolzen Begeisterung war in weiten Kreisen einzig der Wunsch nach einer möglichst baldigen Beendigung der Entbehrungen und Kriegsleiden getreten. Klarheit über die wirkliche Lage ohne jede Schönfärberei, mannhafter Entschluß zur Wahrheit, daran hat es gefehlt. Das durch Leiden gereifte deutsche Volk hätte vielleicht auch schlimmste Wahrheit zu

1 Willst Du diesmal richtig wählen
Brauchst Du nur bis Eins zu zählen 1

tragen vermocht.... Wir sind nachgerade dahin gelangt, daß das Scheltwort vom Dolchstoß alle Tage und bei den verschiedensten, besonders innerpolitischen Gegensätzlichkeiten verwendet wird. Insofern habe ich es bei seiner begrifflichen Unklarheit und Gefährlichkeit als eine der übelsten Errungenschaften der Nachkriegszeit bezeichnet und den Wunsch ausgesprochen, wir möchten uns dieses Schlagwortes möglichst entledigen, da es weder der sachlichen Klärung noch der so dringend erforderlichen inneren Sammlung unseres Volkes diene."

Prof. Hans Delbrück

knüpft an die Forderung Kuhls an, daß die „Hetzer und Volksverderber an den Pranger gestellt werden, die die Not des Volkes zu ihren politischen Zwecken ausgebeutet haben", und sagt, „damit bin ich durchaus einverstanden, fordere aber auch, daß das Urteil gesprochen wird über diejenigen, die in zügellosem Ehrgeiz das Blut des deutschen Volkes eingesetzt haben für Ziele, die die ungeheure Mehrheit dieses Volkes gar nicht wollte und die auch gar nicht im wahren Interesse des deutschen Volkes lagen..." „Ich glaube, daß die Dolchstoßlegende vielfach, und sogar vorwiegend, gebraucht wird, in dem Sinne, als ob das deutsche Heer im Begriff gewesen wäre, den vollständigen Sieg zu erringen, als es durch den Dolchstoß im Rücken getroffen wurde. Das ist eine Unwahrheit, die zurückgewiesen werden muß. Unsere Offensiven im März und April sind strategisch gescheitert, ohne daß man der revolutionären Agitation bei diesen Mißerfolgen irgendeine Mitschuld beimessen kann. Im Gegenteil, es ist einmütig bezeugt, daß die Truppen ihre Pflicht trotz aller Mängel in Ernährung, Bekleidung und Ausrüstung bewundernswert erfüllt haben. Der wahrhaft Schuldige war der Führer, und wenn man will, mit ihm die Kreise des Volkes, die hinter ihm standen und ihm vertrauten, indem sie freilich von ihm über die Sachlage getäuscht wurden. Da diese Tatsache durch die Rede vom Dolchstoß verdunkelt wird und, wie nicht zu bezweifeln ist, vielfach absichtlich verdunkelt wird, so fühle ich mich meinerseits genötigt, nach wie vor den Dolchstoß als eine Legende zu bezeichnen."

Amtsgerichtsrat Dr. Ludwig Herz,

der frühere Geschäftsführer des parlamentarischen Untersuchungsausschusses, hatte ein Korreferat über den Dolchstoß ausgearbeitet. Er tat dies in einem ausführlichen Gutachten, in dem er „Geschichte, Sinn und Kritik des Schlagwortes vom Dolchstoß" niederlegte. Herz berichtete unter anderem, wie die Oberste Heeresleitung durch Major Würz dringend ersuchte mit Rücksicht auf die weitere Kriegführung die Besprechung der Note an Wilson, insbesondere die Frage nach der Verantwortung für den Schritt zu unterlassen. Am 16. Oktober ergeht folgende Instruktion: „Unter allen Umständen muß der Eindruck vermieden werden, als gehe unser Friedensschritt von militärischer Seite aus. (!) Reichskanzler und Regierung haben es auf sich genommen, den Schritt von sich ausgehen zu lassen. Diesen Eindruck darf die Presse nicht zerstören." Dann werden die Zeitungen auf der Pressekonferenz wie folgt instruiert: „Am 23. Oktober 1918: „Die Behauptung, daß unsere militärischen Stellen mit der Räumung der besetzten Gebiete einverstanden seien, soll unterbleiben. Ebenso jeder Hinweis darauf, daß der ganze Friedensschritt von der OHL. ausgegangen ist." „Die Schriften Ludendorffs machen die Vermutung fast zur Gewißheit, daß die Verantwortung für die Katastrophe abgeschoben werden solle auf das Kabinett des Prinzen Max von Baden, das die Regierungsgeschäfte in einem Augenblick übernommen hatte, als das blutige Spiel verloren, endgültig verloren, im allergrößten Stil verloren war. Das Kabinett konnte nur versuchen, allerletztes zu retten. Das Kabinett nahm es auf sich, auch die Waffenstillstandsverhandlungen zu führen, statt sie den militärischen Stellen zu überlassen. Damit verschob es zu eigenem Schaden das Bild für das deutsche Volk. Dem Volke wurde nicht nur nicht sinnfällig vor Augen geführt, daß die militärische Lage die Beendigung des Krieges gebieterisch erforderte, sondern die neuen Männer belasteten sich auch mit dem Odium des Zusammenbruchs." Und Herz beschließt sein Gutachten mit den Worten: „Unehrlich ist es, die taktischen und strategischen Fehler, die stündlich wachsende Uebermacht der Feinde an Menschen und Material, die Uebermüdung der ruhelos umhergehetzten und kärglich ernährten Truppen, den Zusammenbruch der Bundesgenossen auszuschalten. Selbst wenn der Geist des Heeres an einzelnen Stellen und auch der des Ersatzes durch revolutionäre Propaganda gelitten haben sollte, es ist nichts dafür erbracht, daß ein Versagen von Truppen aus diesem Grunde den Verlust einer Schlacht oder eines Feldzuges oder des Krieges entschied. Die Erzählung, daß die Front von hinten erdolcht worden ist, ist eine Fabel."

Auch ein Dolchstoßbeweis.

Die „Deutsche Tageszeitung" ist selig. Sie hat einen neuen Beweis für den „Dolchstoß" gefunden. Aus einer amtlichen französischen Statistik errechnet sie, daß die französische Infanterie am 1. Mai 1915 noch 1 526 000 im Felde stehende Kämpfer zählte, im April 1918 nur noch 1 036 000 Mann, im Oktober des gleichen Jahres gar nur noch 515 000. Wir waren also dicht vor dem Siege über den dezimierten Feind, wenn nicht der Dolchstoß usw.

Bei dieser Rechnung hat die „Deutsche Tageszeitung" nur eins übersehen: daß die Lücken der französischen Armee reichlich und überreichlich inzwischen durch die Amerikaner ausgefüllt waren, die zwar nach Herrn Hergts prophetischer Voraussicht „nicht fliegen, nicht schwimmen und nicht kommen" konnten, aber tatsächlich Ende 1918 in einer Stärke von 1,5 Millionen an der Westfront standen und sich monatlich durch Nachschub aus der Heimat um mehrere Hunderttausend vermehrten.

Vielleicht sieht sich die „Deutsche Tageszeitung" auch einmal das Telegramm Hindenburgs vom 3. Oktober an, in dem der Feldherr alle Beschwörungen des Prinzen Max, die Oberste Heeresleitung möchte auf das überstürzte Waffenstillstandsangebot verzichten, mit der Begründung zurückweist, daß die deutsche Armee nicht mehr imstande sei, die erheblichen Verluste der letzten Monate auszugleichen, während „der Gegner ständig neue Reserven in die Schlacht führt."

Diese Situation wäre allerdings zu vermeiden gewesen, wenn nicht unsere Alldeutschen, die „Deutsche Tageszeitung" an der Spitze, durch ihr wahnsinniges Geschrei nach dem uneingeschränkten U-Boot-Krieg uns diesen und damit die amerikanische Millionenarmee auf den Hals gehetzt hätten!

Antwort!

Tirpitz schweigt — er kann nicht antworten.

Am 29. November richtete Dr. Thimme an Tirpitz folgende Fragen:

„1. Erkennt Großadmiral v. Tirpitz an, daß er sich staatliche Dokumente in großem Umfange persönlich zugeeignet hat und sie zu persönlichen Zwecken und zu persönlichem Vorteil verwendet hat?

2. Erkennt Herr v. Tirpitz an, daß er durch dieses Verfahren ein wichtiges staatliches und konservatives Prinzip, das bisher auch von seiner Partei unbedingt hochgehalten wurde, auf das schwerste gefährdet hat?

3. Wird Herr v. Tirpitz wenigstens in Zukunft unterlassen, amtliches, ihm nicht gehöriges, dokumentarisches Material ohne Erlaubnis der zuständigen Behörden zu veröffentlichen?"

Ein Mann von Ehre antwortet auf solche Fragen. Herr Tirpitz schweigt immer noch.

Um die Rentenbankkreditanstalt.

Gegen die Anwendung des Art. 48.

Der Reichsrat befaßte sich erneut mit der Forderung der Rentenbank und des Reichsernährungsministeriums, die schleunigst die Gründung einer Agrarbank verlangt. Bekanntlich verbirgt sich hinter dieser Forderung das Streben des Reichslandbundes, in einem Tochterinstitut der Rentenbank ein gewaltiges ökonomisches Machtmittel von großer Kapitalkraft für sich zu erreichen. Der Reichsrat hat am Dienstag die Frage erneut behandelt und sie dann vertagt. Mit den Ländervertretern, die auf dem Standpunkt stehen, daß die Ueberschüsse der Rentenbank — heute mehr als 180 Millionen Goldmark — auch ohne eine Neugründung sofort der Landwirtschaft zur Verfügung gestellt werden können, deckte sich auch ein Gutachten des Reichsbankpräsidenten Dr. Schacht. Damit ist die voreilige Gründung einer Agrarbank überflüssig geworden. Dadurch ist es erwiesen, daß der Landbund lediglich aus politischen Gründen die jetzt verfügbaren Kredite der Landwirtschaft vorenthält.

Der Reichsbankpräsident wurde aufgefordert, ein schriftliches Gutachten zu der Frage zu erstatten, das den weiteren Beratungen des Reichsrates zugrunde gelegt werden soll.

Titelseite des Zentralorgans der SPD *Vorwärts*. Der Hauptartikel schildert aus Sicht der Sozialdemokratie die Ergebnisse der parlamentarischen Untersuchung vom Herbst 1924.

hang mit den von ihnen so bezeichneten »Novemberverbrechern« nicht mehr auf. Stattdessen sprachen sie ganz im Sinne ihres rassistischen und antikommunistischen Gedankenguts vom »Dolchstoß von Judentum und Marxisten!«

Die enorme Wirkung der Dolchstoßlegende war den Alliierten nach dem Ende des Zweiten Weltkriegs 1945 bewusst. Folgerichtig bemühten sie sich durch ein gezieltes Aufklärungs- und Bildungsprogramm, zu dem auch die Nürnberger Kriegsverbrecherprozesse gehörten, ein Wiederaufflammen der Dolchstoßlegende in neuem Gewande zu verhindern. Damit waren sie erfolgreich, sicherlich auch, weil im zerstörten und komplett besetzten Deutschland und angesichts des Holocausts eine neue Dolchstoßlegende kaum aufkommen konnte. Zudem unterschied sich der Umgang der Sieger im Westen mit den Besiegten trotz aller im deutschen Namen verübten Verbrechen doch deutlich von dem von 1918. Ein zweites Versailles galt es auch nach Überzeugung der Alliierten unter allen Umständen zu verhindern. Der von rechten Kreisen in der Nachkriegszeit trotzdem ausgesprochene Vorwurf, politische und militärische Widerstandskämpfer hätten sich einen erneuten Dolchstoß zuschulden kommen lassen, wurde von der Geschichtswissenschaft alsbald widerlegt. Heute ist die Dolchstoßlegende lediglich im Geschichtsunterricht noch ein wichtiges Thema, anhand dessen nicht nur ein zentrales Kapitel der deutschen Vergangenheit aufgearbeitet, sondern beispielhaft die Manipulation und Instrumentalisierung von Geschichte offengelegt werden kann.

↗ Nach der Verkündigung seiner Abdankung durch Reichskanzler Max von Baden begibt sich Kaiser Wilhelm II. ins Exil in die Niederlande. Nervös und kettenrauchend wartet der Kaiser (4. v. li.) mit seiner Entourage auf die Einreiseerlaubnis.

8 Das Ende des Ersten Weltkriegs

Es war nasskalt am Morgen des 10. November 1918. Wilhelm von Preußen, vor wenigen Stunden noch Deutscher Kaiser und König von Preußen, ging rauchend auf dem niederländischen Bahnhof Eijsden auf und ab. Er wartete auf die Nachricht, ob die Niederlande ihn aufnehmen oder an die Entente ausliefern würden. Zuvor hatte er erkennen müssen, dass die Truppen nicht mehr hinter ihm standen, weshalb ein Machterhalt mithilfe der Bajonette der deutschen Soldaten ausgeschlossen war. Hindenburg und Groener hatten bis zuletzt gezögert, ihrem Obersten Kriegsherrn dies mitzuteilen. Am Ende schlugen sie ihm vor, heimlich in die Niederlande zu fliehen, denn sie könnten seine Sicherheit nicht mehr garantieren. Wilhelm II. war laut Groener ob dieser Entwicklung völlig erschüttert:

> Er sagte nichts, schaute nur – schaute von dem einen zum anderen mit einem Blick zuerst der Verwunderung, dann der mitleiderregen-

> den Anflehung, schließlich nur der merkwürdigen vagen Bestürzung. Er sagte nichts, und wir führten ihn, ganz als wäre er ein kleines Kind – und schickten ihn nach Holland.

In diesem Augenblick hatten die Offiziere im doppelten Sinne versagt. Zum einen hatten sie ihren Auftrag, das Deutsche Reich nach außen zu schützen, nicht erfüllt, zum anderen hatten die preußischen Offiziere ebenso wie Hindenburg einen persönlichen Treueid auf ihren Monarchen gebrochen, der sie zum Schutz ihres Königs verpflichtete. Der von seinen höchsten Offizieren in die Niederlande abgeschobene ehemalige Monarch fand mit seinem Gefolge vorerst Unterkunft auf Schloss Amerongen. Erst dort dankte er offiziell am 28. November 1918 ab und entband alle Beamten sowie Offiziere von ihrem Treueid. Später erwarb er Schloss Doorn, in dem er verbittert sein Leben im Exil bis zum Tode am 4. Juni 1941 verbrachte.

Zwar musste Deutschland Gebiete abtreten sowie die militärischen und wirtschaftlichen Auflagen des Versailler Friedensvertrages vom 28. Juni 1919 erfüllen, doch war es immer noch eine potenzielle Großmacht. Die Wiedererlangung des Großmachtstatus war für die militärische Elite des Reiches ebenso wie für viele konservative Politiker ein unabdingbares Ziel. Es sollte wie zu »Kaisers Zeiten« mit den Mitteln der klassischen Großmachtpolitik erreicht werden, wenn nötig auch unter Anwendung militärischer Gewalt. Noch 1918 begann die deutsche Militärelite daher, Antworten auf die Fragen zu suchen: Wie ist der Ausgang des Weltkrieges zu korrigieren, und wie ist ein zukünftiger Krieg zu gewinnen? In kollektiver Wirklichkeitsverweigerung verdrängte sie die realen strategischen Ursachen für die Niederlage – nämlich die Unterlegenheit der deutschen Kräfte. Diese selektive Wahrnehmung gipfelte in der Überzeugung, der taktisch-operative Ansatz sei richtig gewesen, versagt hätten die ausführenden Personen. In der Gewissheit, »im Felde unbesiegt« zu sein, war man sich ebenso einig wie darin, dass die verlorengegangene Großmachtposition des Reiches wiederherzustellen sei. Es gab daher nur Dissens über den Weg, nicht aber über das Ziel. Hinzu kam das latente Gefühl, angesichts der Erfolge des Jahres 1918 habe man schlicht zu früh aufgegeben, nicht bis zum Ende gekämpft. Folgerichtig konzentrierte sich die direkt nach Kriegsende einsetzende Ursachenforschung für die Niederlage auf andere Bereiche.

Als Gründe für die Niederlage des »im Felde unbesiegten« Heeres wurden nicht etwa operativ-strategische Fehler der OHL oder die schwache Ressourcenbasis des Kaiserreiches, sondern der »Dolchstoß« der Sozialisten in den Rücken der kämpfenden Truppe sowie die mangelhafte Mobilisierung der Gesellschaft ausgemacht. Beides, und darin waren sich alle einig, dürfe nie wieder vorkommen.

1945 holte die Deutschen das Jahr 1918 jedoch erneut ein. In dem Glauben, diesmal nicht zu früh aufgeben zu dürfen, befahlen Hitler und die militärische Führung den Kampf bis zum bitteren Ende. Ein Beispiel ist der Befehl von Generalfeldmarschall Albert Kesselring vom 9. April 1945:

> Wer in pessimistischer Weise die Aussichten für die Weiterführung des Kampfes erörtert, zersetzt die Kampfmoral und dient damit dem Feind, der jetzt wieder, wie er es 1918 mit Erfolg getan hat, versucht, das deutsche Volk durch Trennung von seiner Führung zur Selbstaufgabe zu veranlassen und dadurch den Krieg zu gewinnen. Erst, wer sich selbst verloren gibt, hat den Kampf wirklich verloren. Dass dieser Fall niemals eintritt, dafür ist der Offizier verantwortlich.

Zudem, und dies ist ein besonders tragischer Moment der deutschen Geschichte, hatte die weit überwiegende Mehrzahl der jungen Leutnante und Hauptleute des Jahres 1918, die 1944 mittlerweile in höchsten Führungsrollen Verantwortung trugen, den vermeintlichen Treuebruch ihrer Vorgesetzten gegenüber ihrem Monarchen nicht vergessen. Vor diesem Hintergrund waren sie am 20. Juli 1944 nicht bereit, ihr persönliches Treuegelöbnis gegenüber Hitler zu brechen und sich auf die Seite der Widerstandskämpfer zu stellen.

Anhang

Zeittafel

1914

3. August	Deutschland erklärt Frankreich den Krieg
4. August	Deutscher Einmarsch in Belgien; Großbritannien bricht Beziehung zu Deutschland ab (Kriegszustand)
5.–12. September	1. Marne-Schlacht
14. September	Falkenhayn löst Moltke d. J. als Chef des Generalstabes des Feldheeres ab (2. OHL)

1916

21. Februar	Beginn der Schlacht von Verdun (bis Ende Juli)
1. Juli – 25. November	Schlacht an der Somme
28. August	Hindenburg löst Falkenhayn ab und wird zum Chef des Generalstabes des Feldheeres ernannt; Ludendorff wird Erster Generalquartiermeister (3. OHL)

1917

1. Februar	Deutschland erklärt den uneingeschränkten U-Boot-Krieg
6. April	Die USA erklären Deutschland den Krieg
Mitte April	Versorgung der Bevölkerung mit Lebensmitteln auf dem Tiefpunkt, »Hungerstreiks« in Berlin, Leipzig und anderen deutschen Großstädten (»Steckrübenwinter« 1916/17)
16. April	Schlacht am Chemin des Dames
31. Juli	Beginn der dritten Flandernschlacht (bis Ende November 1917)
5. August	Meutereien auf der Hochseeflotte
7. November	»Oktoberrevolution« (julianischer Kalender: 25. Oktober) in Russland

20. November	Tankschlacht von Cambrai
16. Dezember	Waffenstillstand mit Russland

1918

8. Januar	14-Punkte-Programm des amerikanischen Präsidenten Wilson
28. Januar	Massenstreiks in Berlin und anderen deutschen Städten
3. März	Friedensvertrag von Brest-Litowsk zwischen den Mittelmächten und Russland
21. März – 5. April	Beginn der deutschen Frühjahrsoffensiven in Frankreich (»Unternehmen Michael«)
9.–29. April	Deutsche Offensive in Flandern (»Unternehmen Georgette«)
27. Mai – 14. Juni	Deutsche Offensive am Chemin des Dames, Aisne (»Blücher-Goerz-Angriff«)
15.–18. Juli	Deutscher Angriff beiderseits Reims (»Unternehmen Marneschutz-Reims«)
18. Juli – 6. August	Erfolgreiche alliierte Gegenoffensive bei Villers-Cotterêts
8. August	Brit.-franz. Offensive bei Amiens, schwere deutsche Verluste; »Schwarzer Tag« des deutschen Heeres
ab Mitte August	Stetige alliierte Offensiven an der Westfront; deutscher Rückzug
12.–15. September	Erfolgreicher amerikanischer Angriff gegen den St. Mihiel-Bogen
29. September	3. OHL fordert Aufnahme von Waffenstillstandsverhandlungen
3. Oktober	Prinz Max von Baden wird Reichskanzler
29. Oktober	Meuterei auf der Hochseeflotte in Wilhelmshaven
3. November	Matrosenaufstand in Kiel, revolutionäre Bewegung breitet sich in den nächsten Tagen auf ganz Deutschland aus
8. November	Beginn der Waffenstillstandsverhandlungen in Compiègne

9. November	Reichskanzler Max von Baden verkündet die Abdankung Kaiser Wilhelms II.; Ausrufung der Republik
10. November	Wilhelm II. geht ins Exil nach Holland
11. November	Unterzeichnung Waffenstillstand in Compiègne
28. November	Offizielle Abdankung Kaiser Wilhelms II.

Generallegende für taktische Zeichen

Größenordnungszeichen

XXXXX	Heeresgruppe
XXXX	Armee
XXX	(Armee-)Korps
XX	Division
X	Brigade
III	Regiment/Geschwader
II	Bataillon/Abteilung
I	Kompanie/Batterie/Staffel
•••	Zug

Abkürzungen

Arko	Artilleriekommandeur
austr.	australisch
bay./b.	bayerisch
Divkonach	Divisionsnachrichtenkommandeur
GKdo	Generalkommando
kan.	kanadisch
Kav.	Kavallerie
Kol.	Kolonial-
R.	Reserve
Schs.	Scharfschützen
Tle.	Teile

Taktische Zeichen – Verbände/Einheiten

Infanterie-
Kavallerie-
Flieger-
Tank (Panzer)-
Artillerie-
Radfahr-
Motor Maschinengewehr-
Maschinengewehr-
Mörser-
Pionier-
Nachrichten-
Versorgungs-
Transport-
FErs Feldersatz-
Verpflegungs-
Munitionskolonne
Sanitäts-
Feldhospital
Vet Pferdelazarett
M.G.-Scharfschützen-Abt.
M.G.-Komp.

Taktische Zeichen – Waffen

Feldkanone
Leichte Feldhaubitze
10-cm-Kanone 14
13-cm-Kanone
Lange 15-cm-Kanone
15-cm-Kanone 16
schwere Feldhaubitze 13
Lange, schwere Feldhaubitze 13

Anmerkungen

Um operationsgeschichtliche Abläufe und organisatorische Gliederungen möglichst verständlich und übersichtlich abzubilden, wurden alle Karten in diesem Band an die weithin geläufigen taktischen Zeichen der Bundeswehr (außer Kraft gesetzte Zentrale Dienstvorschrift 1/11) angelehnt.

Literaturhinweise

Barth, Boris: Dolchstoßlegenden und politische Desintegration. Das Trauma der deutschen Niederlage im Ersten Weltkrieg 1914–1933. Düsseldorf 2003.

Duppler, Jörg / Groß, Gerhard P. (Hrsg.): Kriegsende 1918. Ereignis, Wirkung, Nachwirkung. München 1999.

Edmonds, James E. (Hrsg.): History of the Great War, Military Operations France and Belgium 1918. 8th August – 26th September. The Franco-British Offensive Vol. IV. London 1947.

Fasse, Alexander: Im Zeichen des »Tankdrachen«. Die Kriegführung an der Westfront 1916–1918 im Spannungsverhältnis zwischen Einsatz eines neuartigen Kriegsmittels der Alliierten und deutschen Bemühungen zu seiner Bekämpfung. Diss. HU Berlin 2007.

Groß, Gerhard P.: Das Dogma der Beweglichkeit. Überlegungen zur Genese der deutschen Heerestaktik im Zeitalter der Weltkriege. In: Bruno Thoß / Erich Volkmann (Hrsg.): Erster Weltkrieg – Zweiter Weltkrieg. Ein Vergleich. Krieg – Kriegserlebnis – Kriegserfahrung in Deutschland. Paderborn 2002. S. 143–166.

– Mythos und Wirklichkeit. Geschichte des operativen Denkens im deutschen Heer von Moltke d. Ä. bis Heusinger. Paderborn 2012.

Keil, Lars-Broder / Kellerhoff, Sven Felix: Deutsche Legenden. Vom »Dolchstoß« und anderen Mythen der Geschichte. Berlin 2002.

Kronprinz Rupprecht von Bayern: Mein Kriegstagebuch. Hrsg. von Eugen von Frauenholz. 3 Bde. Berlin 1929.

Krumeich, Gerd: Die Dolchstoß-Legende. In: Etienne François / Hagen Schulze (Hrsg.): Deutsche Erinnerungsorte. Bd. 1. München 2009. S. 585–599.

Ludendorff, Erich: Meine Kriegserinnerungen 1914–1918. Berlin 1922.

Riebensahm, Gustav: Infanterie-Regiment Prinz Friedrich der Niederlande (2. Westfälisches) Nr. 15 im Weltkriege 1914–18, Minden 1931.

Thaer, Albrecht von: Generalstabsdienst an der Front und in der O. H. L. Aus Briefen und Tagebuchaufzeichnungen 1915–1919. Hrsg. von Siegfried A. Kaehler. Göttingen 1958.

Der Weltkrieg 1914–1918. Die Kriegführung an der Westfront im Jahre 1918. Bd. 14. Im Auftrage des Oberkommandos des Heeres bearb. und hrsg. von der Kriegsgeschichtlichen Forschungsanstalt des Heeres. Berlin 1944.

Windhorst, Karl: Das Mindensche Feldartillerie-Regiment Nr. 58 im Weltkriege 1914–1918. Dortmund 1930.

Abbildungsnachweis

akg-images: 7, 13, 16, 17 WHA / World History Archive, 19 arkivi, 27, 30, 37, 45, 50, 62, 71, 78, 79, 117, 122 John Parrot / Stocktrek Images, 125, 129, 131, 135 De Agostini Picture Lib., 137, 139

Australian War Memorial: 83, 94/95, 98/99

»Historische Bildpostkarten – Universität Osnabrück Sammlung Prof. Dr. Sabine Giesbrecht«, www.bildpostkarten.uos.de: 33, 59, 124 (2)

Bildarchiv Preußischer Kulturbesitz (bpk): 29 (1) adoc-photos, 120 Bayerische Staatsbibliothek / Ernst Sandau, 124 (1) Kunstbibliothek, SMB, Photothek Willy Römer / Willy Römer, 138

Bundesarchiv: 121 Bild 183-R72513, 143 Bild 183-R12318

Deutsches Historisches Museum, Berlin: 68/69, 76 S. Ahlers

Friedrich-Ebert-Stiftung: 140 Abbildung aus dem Digitalisierungsprojekt »Vorwärts bis 1933«, mit freundlicher Genehmigung der Bibliothek der Friedrich-Ebert-Stiftung

picture alliance: 8 Mary Evans / Robert Hunt Collectio, 10/11 United Archives / TopFoto, 29 (2) United Archives / WHA, 32 CPA Media, 93 Mary Evans / Robert Hunt Collection, 104 Mary Evans Picture Library

Süddeutsche Zeitung Photo / Scherl: 28, 41, 43, 49, 52, 55, 56, 63, 65, 67, 74/75, 81, 107, 109, 111, 123, 127, 128, 133

ullstein bild: 20, 21 dpa, 23 Robert Sennecke, 24, 26 Robert Sennecke, 35, 38 Süddeutsche Zeitung Photo / Scherl, 39, 57, 61, 84 Heritage Images / The Print Collector, 91 United Archives / World History Archive

Personenregister